Erfolg im Neukundengeschäft mit dem Temperament-Sales-Modell

Orhan Arzuman

Erfolg im Neukundengeschäft mit dem Temperament-Sales-Modell

Vorbereitung, Prognose, Abschluss: Verkaufsstrategien für Ihre High-Performance

2. Auflage

 Springer Gabler

Orhan Arzuman
Wien, Österreich

ISBN 978-3-658-46623-7   ISBN 978-3-658-46624-4 (eBook)
https://doi.org/10.1007/978-3-658-46624-4

Die Deutsche Nationalbibliothek verzeichnet diese Publikation in der Deutschen Nationalbibliografie; detaillierte bibliografische Daten sind im Internet über https://portal.dnb.de abrufbar.

Die 1. Auflage erschien unter dem Titel „High-Performance im Neukundengeschäft – Systematische Akquise und sichere Potenzialeinschätzung mit dem Temperament-Sales-Modell"

Springer Gabler ist ein Imprint der eingetragenen Gesellschaft Springer Fachmedien Wiesbaden GmbH und ist ein Teil von Springer Nature.
Die Anschrift der Gesellschaft ist: Abraham-Lincoln-Str. 46, 65189 Wiesbaden, Germany

Wenn Sie dieses Produkt entsorgen, geben Sie das Papier bitte zum Recycling.

Vorwort

Liebe Leserinnen und Leser,

ich freue mich sehr, Ihnen die zweite Auflage meines Buches „Erfolg im Neukundengeschäft mit dem Temperament-Sales-Modell" präsentieren zu können. Seit der Veröffentlichung der ersten Auflage im Jahr 2021 habe ich überwältigend positives Feedback und wertvolle Anregungen erhalten, die mich inspiriert haben, dieses Werk weiter zu verbessern und zu ergänzen.

In dieser überarbeiteten und erweiterten Auflage habe ich zahlreiche Ergänzungen und Aktualisierungen vorgenommen, um dem neuesten Stand der Entwicklungen und Erkenntnisse im Neukundenvertrieb gerecht zu werden. Im Einzelnen habe ich folgende Anpassungen und Erweiterungen vorgenommen:

* Ausführlicher Exkurs: Software- und KI-Lösungsvertrieb mit dem Temperament-Sales-Modell
* Aktualisierungen und Anpassungen in der inhaltlichen Formulierung
* Verwendung geschlechtergerechter Sprache

Ich bin außerordentlich dankbar für die Unterstützung und das Vertrauen meiner Leserinnen und Leser. Ihre zahlreichen Rückmeldungen haben wesentlich dazu beigetragen, dieses Buch zu dem zu machen, was es heute ist. Ein ganz besonderer Dank geht an die ‚Temperament Seller‘, deren wertvolle Beiträge und unerschöpfliche Unterstützung unverzichtbar waren.

Ich hoffe, dass diese zweite Auflage sowohl für neue Leserinnen und Leser als auch für jene, die bereits die erste Auflage gelesen haben, eine wertvolle und bereichernde Lektüre darstellt. Möge dieses Buch Ihnen weiterhin nützliche Erkenntnisse und Inspiration bieten.

Mit herzlichen Grüßen

Wien, Österreich   Orhan Arzuman
2025

Inhaltsverzeichnis

Über den Autor

 **Orhan Arzuman** ist Senior Enterprise Account Executive mit einem Master-Abschluss in Vertriebspsychologie und Marketing. Er hat sich auf die Vermarktung von Software- und KI-Lösungen spezialisiert.

Darüber hinaus ist er ein gefragter Trainer für das B2B-Neukundengeschäft im Softwarevertrieb auf LinkedIn Learning. Seine Kenntnisse im Temperament-Sales-Modell und seine Überzeugung, dass kontinuierliches Lernen und die Anwendung neuester Erkenntnisse der Schlüssel zu dauerhaftem Vertriebserfolg sind, inspirieren sowohl Einsteiger und Einsteigerinnen als auch erfahrene Vertriebsprofis.

Seine Mission besteht darin, innovative Methoden zur Gewinnung neuer Kunden und Kundinnen zu entwickeln. Seine umfassende Erfahrung in den Bereichen Software- und KI-Lösungsvertrieb, Projektvertrieb und Personaldienstleistungen sowie seine Fähigkeit, Kundenbindung zu schaffen, machen ihn zu einem geschätzten Experten.

Als leidenschaftlicher Mentor unterstützt er junge Talente dabei, ihre Karriere im Vertrieb zu starten und erfolgreich zu gestalten. Sein Engagement zeigt sich in Coaching-Programmen und Workshops, die er organisiert und leitet, um seine Mentees dabei zu unterstützen, ihre Fähigkeiten zu verbessern und ihre beruflichen Ziele zu erreichen.

Stets auf der Suche nach neuen Vertriebstechniken zum Vorteil seiner Kunden und Kundinnen, ist Orhan Arzuman eine wertvolle Ressource für alle, die im Vertrieb erfolgreich sein möchten. Seine langjährige Erfahrung, strategische Herangehensweise und sein unermüdlicher Einsatz machen ihn zu einem herausragenden Experten.

1

Einleitung: Das Temperament-Sales-Modell

Dieses Kapitel liefert einen umfassenden Einblick in das Temperament-Sales-Modell. Es enthält eine praxisorientierte Erläuterung der einzelnen Komponenten und bietet einen groben Überblick über den Exkurs zum Software- und KI-Lösungsvertriebs im Kontext des Modells.

Willkommen zu einer faszinierenden Reise durch das Temperament-Sales-Modell, eine entscheidende Ressource für den modernen Neukundenvertrieb (Abb. 1.1).

Dieses Buch bietet einen umfassenden Einstieg und eine praxisorientierte Anleitung für Verkaufsprofis, Einsteiger und Einsteigerinnen und alle, die ihre Verkaufskompetenzen, insbesondere im Bereich des Neukundenvertriebs, ausbauen möchten.

Das Temperament-Sales-Modell ist ein leistungsstarkes Werkzeug, das Sie beim Erreichen und Übertreffen Ihrer Verkaufsziele unterstützt. Im Bereich des Software- und KI-Lösungsvertriebs hat sich dieses Modell als besonders effektiv erwiesen, indem es Chancen identifiziert und gezielt nutzt, während es mentale Stärke, Disziplin und Auffassungsgabe fördert, wie im detaillierten Exkurs in Kap. 7 beschrieben wird.

© Der/die Autor(en), exklusiv lizenziert an Springer Fachmedien Wiesbaden GmbH, ein Teil von Springer Nature 2025
O. Arzuman, *Erfolg im Neukundengeschäft mit dem Temperament-Sales-Modell*,
https://doi.org/10.1007/978-3-658-46624-4_1

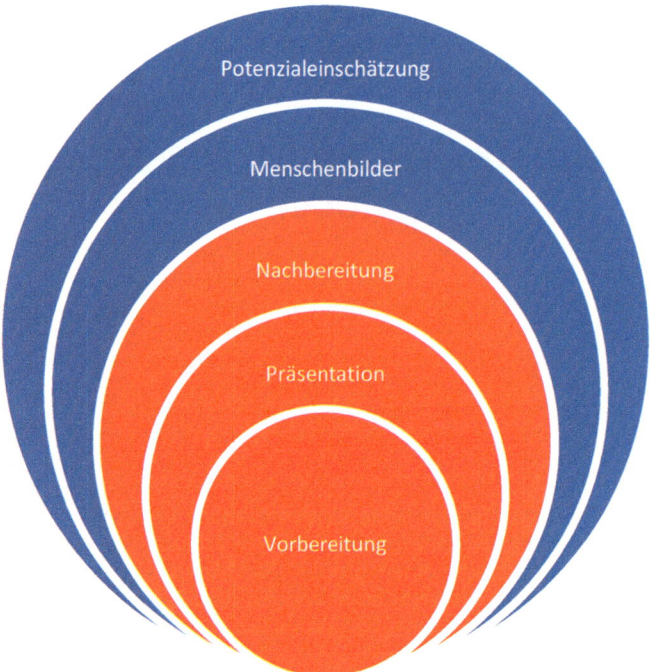

Abb. 1.1 Temperament-Sales-Modell: Bestehend aus Interaktionskomponenten (rot) und Analysekomponenten (blau)

Der Vertrieb basiert auf der Kunst der menschlichen Interaktion und psychologischen Prinzipien. Dieses Buch stellt Ihnen Werkzeuge zur Verfügung, mit denen Sie nicht nur Ihre Verkaufsleistung verbessern, sondern auch langfristige und vertrauensvolle Kundenbeziehungen aufbauen können. In einer Welt, in der Lösungen zunehmend ähnlicher werden, kann der entscheidende Faktor häufig im Verkaufsprozess liegen und in der Fähigkeit des Verkäufers oder der Verkäuferin, auf die individuellen Bedürfnisse und Temperamente der Kunden und Kundinnen einzugehen.

Vor allem in der dynamischen Technologiebranche sind Flexibilität und Anpassungsfähigkeit von zentraler Bedeutung. Durch die Anwendung des Modells werden Sie sich besser in Ihre Kunden und Kundinnen hineinversetzen können und Ihre spezifischen Bedürfnisse und Herausforderungen besser verstehen. Da dieser Sektor oft eine ausführliche Erklärung erfordert, ist bei der Neukundengewinnung ein individueller Ansatz von großer Wichtigkeit. Durch die korrekte Einschätzung des Temperaments Ihrer Kunden und Kundinnen können Sie Ihre Verkaufsstrategie optimal anpassen und Ihre Erfolgsaussichten maximal steigern.

Das Modell verlangt sowohl Schritte, die direkte Interaktionen mit Ihren Kundinnen und Kunden erfordern, als auch Schritte, die im Hintergrund die Analyse von relevanten Daten und Informationen beinhalten. Diese Vorgehensweise unterscheidet sich deutlich von passiven Verkaufsstrategien. Sie werden sich intensiv auf Ihre Verkaufsziele konzentrieren und gezielt handeln. Durch das Eintauchen in die Welt Ihrer Kunden und Kundinnen werden Sie hohe Verkaufserfolge erzielen. Ihr Einfluss auf den Verkaufserfolg wird in enger Verbindung mit Ihrer Einschätzung des Potenzials stehen, das Sie bearbeiten. Durch Anpassung Ihrer Verkaufsansätze an den Charakter Ihrer Kunden und Kundinnen steigern Sie Ihre Chancen auf Erfolg und verbessern zusätzlich die Prognosesicherheit in Ihren Zielperioden.

Dieses Buch wendet sich an Leser und Leserinnen, die nach fundierten Werkzeugen suchen, um ihren eigenen Verkaufsansatz zu verbessern. Es bietet Ihnen wertvolle Ressourcen und Strategien für einen erfolgreichen Neukundenvertrieb.

Neben der Vorstellung von Methoden, die Sie ein tieferes Verständnis für einzelne Kundinnen und Kunden entwickeln lassen, erläutert dieses Buch auch, wie Sie Ihre Vertragsabschlussgeschwindigkeit signifikant beschleunigen und längere Vertriebszyklen leicht meistern können.

Für außergewöhnlichen Erfolg sind Engagement, Motivation und Fokussierung von entscheidender Bedeutung. Außergewöhnliches zu leisten heißt, sich jenseits der Norm zu bewegen und stets über die alltäglichen Standards hinauszugehen. Dies setzt nicht nur kontinuierliche Anstrengungen voraus, sondern auch den Willen, sich ständig weiterzuentwickeln und ungewohnte Wege zu beschreiten. Nur wer bereit ist, mehr zu investieren und Neuland zu betreten, kann wahrhaft Außergewöhnliches erreichen.

Im Folgenden eine kurze Übersicht über die Komponenten des Temperament-Sales-Modells und den Exkurs in der Anwendung im Bereich des Software- und KI-Lösungsvertriebs, die im weiteren Verlauf in je einem eigenen Kapitel ausführlicher behandelt werden:

- **Die Vorbereitung: Die Grundlage für den Verkaufserfolg**
  Dieses Kapitel behandelt die Entwicklung einer starken Verkaufsmentalität und einer täglichen Routine zur Übertragung von Begeisterung. Außerdem werden die Komponenten eines erfolgreichen Pitches für Terminvereinbarungen analysiert sowie Methoden für gezielte Recherche erörtert, um die benötigten Informationen für einen überzeugenden Pitch und eine geeignete Story zu finden.
- **Die Präsentation: Der Weg zum Vertragsabschluss**
  In diesem Kapitel erhalten Sie wertvolle Insights, wie Sie Ihre Botschaften klar und überzeugend präsentieren, das Interesse Ihres Publikums wecken und potenzielle Einwände geschickt entkräften. Erfahren Sie zudem, wie Sie eine strukturierte Bedarfsanalyse anwenden, Ihren Umsatz bei der Angebotslegung maximieren und den Vertragsabschluss zeitlich festlegen können, indem Sie einfache, aber effiziente Methoden nutzen.
- **Die Nachbereitung: Der Schlüssel zum Vertragsabschluss**
  Verkaufsarbeit geht über die Präsentation Ihrer Lösung hinaus. Die Nachbearbeitung ist für einen erfolgreichen Abschluss entscheidend. Dieser Abschnitt zeigt Ihnen Ihre Möglichkeiten, wie Sie durch gezielte Follow-ups und empathische Kommunikation die Entscheidungsfindung Ihrer Kunden und Kundinnen positiv beeinflussen und sogar aus einer Ablehnung eine Chance machen können.
- **Die Menschenbilder: Individualisierte Vorgehensweise**
  Das richtige Einschätzen von Persönlichkeitstypen ist nicht nur für die direkte Ansprache nützlich, sondern auch für die Erstellung genauer Umsatzprognosen. In diesem Abschnitt wird ein System vorgestellt, mit dem Sie mögliche Fehlerquellen in den Zusagewerten Ihrer Gesprächspartner identifizieren und Ihre Prognosen optimieren können.

- **Die Potenzialeinschätzung: Die Bedeutung der Persönlichkeitstypen**
  Dieses Kapitel zeigt Ihnen, wie Sie die Fehlerwahrscheinlichkeiten in den Zusagewerten Ihrer Ansprechpartnerinnen und Ansprechpartner im Kontext der jeweiligen Verkaufsphase kombinieren und gewichten können, um so die Genauigkeit Ihrer Prognosen weiter zu verbessern.
- **Exkurs: Software- und KI-Lösungsvertrieb mit dem Temperament-Sales-Modell**
  Der Vertrieb von KI-Lösungen birgt im Bereich des Softwarevertriebs spezifische Herausforderungen. Dieses Kapitel behandelt die Möglichkeiten und Strategien zur erfolgreichen Vermarktung von KI-Lösungen, während es zugleich die Ängste und Bedenken Ihrer Kunden und Kundinnen berücksichtigt. Sie werden wertvolle Erkenntnisse gewinnen, wie Sie durch die Anwendung des Temperament-Sales-Modells in diesem Bereich Ihre Verkaufsergebnisse nachhaltig verbessern können.

Das Temperament-Sales-Modell besteht aus Komponenten, die direkte Interaktionen mit Ihren Kundinnen und Kunden erfordern, und aus Analysen, die im Hintergrund stattfinden, ohne dass die Kundinnen und Kunden dies bemerken. Die Interaktionskomponenten sind in den Kap. 2 „Vorbereitung", 3 „Präsentation" und 4 „Nachbereitung" zu finden, während die Analysekomponenten in den Kap. 5 „Menschenbilder" sowie 6 „Potenzialeinschätzung" behandelt werden.

Das Kap. 7 „Exkurs: Software- und KI-Lösungsvertrieb mit dem Temperament-Sales-Modell" verdeutlicht, wie dieses Modell im erklärungsbedürftigen und informationsintensiven Bereich des Software- und KI-Lösungsvertriebs erfolgreich angewendet werden kann.

Die Differenzierung zwischen Interaktions- und Analysekomponenten im Temperament-Sales-Modell ist von entscheidender Bedeutung, da sich der Interaktionsteil auf die aktive Verkaufsarbeit mit potenziellen Kundinnen und Kunden konzentriert und diese vorbereitet, während sich der Analyseteil darauf fokussiert, die jeweiligen Ansprechpartner anhand ihrer Charaktereigenschaften einzustufen und das Potenzial zu evaluieren, um die Interaktionskomponenten zu unterstützen und zu optimieren.

Jedes Kapitel bietet praxisnahe Tipps, die Sie direkt in Ihrem beruflichen Alltag anwenden können. Das Temperament-Sales-Modell ist keine theoretische Abhandlung, sondern eine anwendungsorientierte Methode, die Ihnen dabei hilft, Ihre Verkaufserfolge nachhaltig zu steigern. Zusätzliche Ressourcen wie Checklisten und Vorlagen unterstützen Sie bei der sofortigen Umsetzung des erworbenen Wissens.

Betrachten Sie dieses Buch als Ihren persönlichen Ratgeber auf dem Weg zu noch größeren Verkaufserfolgen. Lassen Sie sich inspirieren, erforschen Sie die verschiedenen Aspekte des Verkaufsprozesses und entdecken Sie, wie Sie durch ein speziell auf den Neukundenvertrieb abgestimmtes Modell Ihre Verkaufsstrategien grundlegend verbessern können.

Ich wünsche Ihnen eine bereichernde Reise voller aufschlussreicher Einsichten und inspirierender Perspektiven.

Weiterführende Fragen

- Was ist das Temperament-Sales-Modell und auf welchen Prinzipien basiert es?
- In welchen Bereichen des Vertriebs ist das Temperament-Sales-Modell besonders effektiv und warum?
- Wie unterscheidet sich das Temperament-Sales-Modell von anderen Verkaufsmodellen?
- Warum ist die Einschätzung des Temperaments von Kunden oder Kundinnen im Neukundenvertrieb besonders wichtig?
- Gibt es spezifische Herausforderungen und Strategien beim Vertrieb von KI-Lösungen im Vergleich zu herkömmlichen Softwarelösungen?

2

Die Vorbereitung

Dieses Kapitel behandelt die erste Phase des Interaktionsteils des Temperament-Sales-Modells und konzentriert sich auf die Entwicklung einer robusten Verkaufsmentalität sowie der Etablierung einer täglichen Routine, um Kundinnen und Kunden zu inspirieren und zu motivieren. Es wird erklärt, wie Verkäuferinnen und Verkäufer eine positive und energische Einstellung pflegen können, um ihre Kundinnen und Kunden jeden Tag zu begeistern. Zudem werden die entscheidenden Komponenten eines erfolgreichen Pitches für Terminvereinbarungen analysiert, einschließlich der Struktur und der Schlüsselbotschaften, die potenzielle Kundinnen und Kunden überzeugen können. Methoden für gezielte Recherche werden erörtert, um die benötigten Informationen für einen überzeugenden Pitch und eine geeignete Story zu finden. Dabei werden Techniken zur Identifizierung der Zielgruppe, das Sammeln relevanter Unternehmensdaten und das Verständnis spezifischer Bedürfnisse und Herausforderungen potenzieller Kundinnen und Kunden behandelt (Abb. 2.1).

© Der/die Autor(en), exklusiv lizenziert an Springer Fachmedien Wiesbaden GmbH,
ein Teil von Springer Nature 2025
O. Arzuman, *Erfolg im Neukundengeschäft mit dem Temperament-Sales-Modell*,
https://doi.org/10.1007/978-3-658-46624-4_2

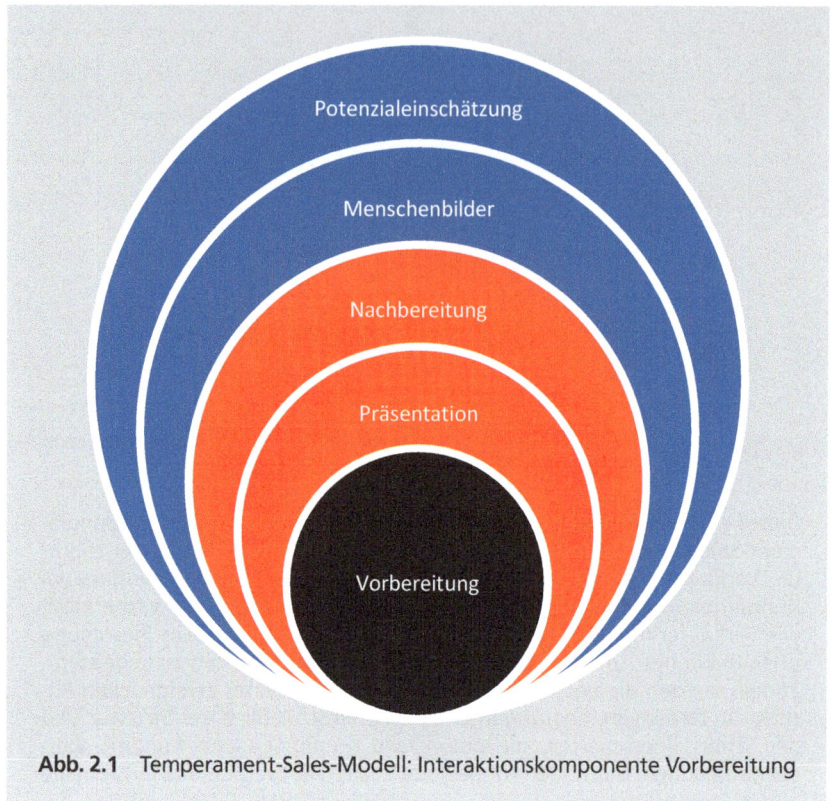

Abb. 2.1 Temperament-Sales-Modell: Interaktionskomponente Vorbereitung

Dieses Kapitel behandelt ausführlich die Entwicklung einer soliden Verkaufseinstellung und die Etablierung einer effizienten täglichen Routine, um Kundinnen und Kunden zu inspirieren und zu motivieren. Ein zentrales Thema ist, wie Verkäuferinnen und Verkäufer eine positive und energische Haltung aufrechterhalten können, um ihre Kundinnen und Kunden jeden Tag neu zu begeistern. Es wird detailliert erläutert, welche Strategien und Techniken helfen, eine solche Einstellung zu pflegen und zu stärken, auch in schwierigen Situationen.

Ein weiterer wichtiger Aspekt ist die Analyse der entscheidenden Elemente eines erfolgreichen Pitches für Terminvereinbarungen. Es wird erläutert, wie ein Pitch strukturiert sein sollte und welche Kernbotschaften er enthalten muss, um potenzielle Kundinnen und Kunden zu überzeugen. Durch praktische Beispiele und konkrete Tipps wird verdeutlicht, wie ein Pitch aufgebaut sein muss, um Interesse zu wecken und zur Terminvereinbarung zu motivieren. Darüber hinaus werden Methoden für zielgerichtete Recherchen diskutiert, die für die Beschaffung von Informationen für einen überzeugenden Pitch und eine geeignete Geschichte von Bedeutung sind. Dabei werden Techniken zur Identifizierung der Zielgruppe vorgestellt, die es ermöglichen, die spezifischen Bedürfnisse und Herausforderungen potenzieller Kundinnen und Kunden besser zu verstehen. Es wird erklärt, wie relevante Unternehmensdaten gesammelt und analysiert werden können, um einen Pitch zu individualisieren und überzeugend gestalten zu können.

2.1 Der Grundgedanke

Im Verkauf gibt es keine absoluten Ablehnungen. Ein Nein kann als potenzielles Ja betrachtet werden, das noch nicht ausgesprochen wurde.

Die Aufgabe einer Verkäuferin oder eines Verkäufers besteht darin, die Kundin oder den Kunden von den Vorteilen der Lösung zu überzeugen und so ein Ja zu erwirken. Allerdings muss beachtet werden, dass ein Ja ohne fundierte Begründung oft wieder zu einem Nein führt.

Ein häufiger Fehler im Verkauf ist die vorzeitige oder grundlose Angebotsabgabe, die oft auf Unsicherheit oder Unwissenheit zurückzuführen ist. Es ist essenziell, vor der Angebotsabgabe herauszufinden, warum die Lösung für die Kundin oder den Kunden von Bedeutung sein könnte. Wenn Sie als Verkäuferin oder Verkäufer nicht genau wissen, warum die Käuferin oder der Käufer Ihre Lösung kaufen sollte, werden sie vermutlich keinen Kauf tätigen. Die Annahme, die Kundin oder der Kunde wüsste bereits, warum sie kaufen, und Sie hätten nur Informationen zu liefern, ist eine Illusion.

In der komplexen Welt des Neukundenvertriebs mit einer Vielzahl von Lösungen ist es für die Käuferin oder den Käufer kaum möglich, sich ein objektives Bild der Angebote zu machen. Selbst wenn es ihnen gelingt, ändern sich die Spezifikationen oft so schnell, wie neue Lösungen auf den Markt kommen. Daher ist es Ihre Aufgabe als Verkäuferin oder Verkäufer, alle relevanten Informationen zu sammeln, zu analysieren und verständlich zu vermitteln.

Obwohl es Unterschiede zwischen B2B- und B2C-Verkauf gibt, spielen in beiden Fällen die Menschen als Entscheidungsträger eine zentrale Rolle: Im B2C handelt es sich um Einzelpersonen, im B2B um mehrere Entscheidungsträger. Die Grundidee bleibt jedoch dieselbe. Im B2B-Verkauf sind oft mehrere Personen involviert, was den Prozess komplexer gestaltet und eine gründlichere Vorbereitung erfordert.

High-Performer sehen in einem Nein keine definitive Absage, sondern eher einen Hinweis darauf, dass die Kundin oder der Kunde das Angebot noch nicht vollständig verstanden hat. Wenn die Kundin oder der Kunde sich trotz einer gründlichen Beratung und einer umfassenden Produktpräsentation gegen einen Kauf entscheidet, ist es für den High-Performer legitim, die Gründe für diese Entscheidung zu erforschen.

Die Antwort auf die Frage „Warum nicht?" kann nicht nur für die aktuelle Kundin oder den aktuellen Kunden, sondern auch für zukünftige Kundinnen und Kunden hilfreich sein.

Aufgrund unserer Existenz in einem vernetzten System, in dem alle Menschen und Systeme miteinander verbunden sind, weisen verschiedene Zielgruppen und Branchen häufig ähnliche Bedenken und Hürden auf. Notieren Sie diese Bedenken und konzentrieren Sie sich darauf, sie im Gespräch aufzulösen.

Wenn das nicht gelingt, analysieren Sie nach dem Gespräch mögliche Lösungsansätze. Hierbei helfen keine Verkaufsmodelle oder -techniken, sondern vor allem ein ehrliches Zuhören und das Streben, eine passende Lösung für die Bedürfnisse der Kundin oder des Kunden zu finden.

Zwar können Verkaufsmodelle unterstützend wirken, indem sie einen Rahmen bieten, wie Sie eine Lösung am besten verkaufen können. Doch wenn das Problem der Kundin oder des Kunden nicht erkannt wird oder keine zufriedenstellende Lösung angeboten wird, werden Sie als Verkäuferin oder Verkäufer immer scheitern.

Entwickeln Sie ein starkes Mindset, um Ihre tägliche Arbeit mit neuer Energie anzugehen. Beginnen Sie Ihren Verkaufstag mit klaren Zielen und priorisieren Sie Ihre Aufgaben. Nutzen Sie Zeitmanagement- und Organisationsmethoden, um effizient zu arbeiten und Stress zu vermeiden. Bleiben Sie offen für Feedback und seien Sie bereit, aus jeder Situation zu lernen, um sich ständig zu verbessern.

Mit der richtigen Einstellung und den richtigen Methoden werden Sie nicht nur Ihre Verkaufszahlen steigern, sondern auch langfristig erfolgreiche Kundenbeziehungen aufbauen.

2.2 Der Verkaufstag eines High-Performers

Für eine High-Performerin oder einen High-Performer ist jeder Tag einzigartig und bedeutsam. Jeden Tag stehen Kundentermine an, neue Termine werden vereinbart, Nachbesprechungen abgehalten und Verträge geschlossen, alles im Hinblick auf das Ziel, Umsatz zu generieren. Eine perfekte Organisation am Morgen ist dafür entscheidend, und negative Einflüsse sollten von Beginn an vermieden werden, um den Erfolg des Tages zu gewährleisten.

Jeder High-Performer oder jede High-Performerin hat ein eigenes Morgenritual. Die genaue Form ist unwichtig und variiert von Person zu Person. Es kann sich um ein Frühstücksritual, eine sportliche Aktivität oder Zeit mit den Lieben handeln. Wichtig ist nur, dass der Tag positiv beginnt und eine starke Basis für den Rest des Tages geschaffen wird.

High-Performer und High-Performerinnen wissen, dass sie im Laufe des Tages viele Herausforderungen überwinden und stereotypes Denken durchbrechen müssen. Dies erfordert enorme mentale Anstrengung. Daher ist es wichtig, ein Ritual zu wählen, das zu einem passt und Energie gibt.

Dieses Ritual hilft nicht nur, gut in den Tag zu starten, sondern bereitet auch mental auf die bevorstehenden Herausforderungen vor. Jeden Morgen braucht ein High-Performer oder eine High-Performerin Zeit für sich selbst, zum Beispiel auf dem Weg zur Arbeit, beim Joggen oder Fahrradfahren. Diese Zeit ist unerlässlich, um sich zu sammeln und sich mental auf den Tag vorzubereiten.

High-Performer und High-Performerinnen meiden es, sich in Umgebungen aufzuhalten, in denen Missmut und Negativität vorherrschen. Sie vermeiden es, sich der negativen Stimmung missmutiger Menschen auszusetzen, da sie wissen, dass ihre eigene Energie und Stimmung entscheidend für ihren beruflichen Erfolg sind.

Im Arbeitsalltag treffen sie auf negativ gestimmte Personen, doch dürfen sie niemals auf dasselbe Energielevel herabsinken. Solche Personen können unmotivierte Ansprechpartner oder Ansprechpartnerinnen, Rezeptionisten oder Rezeptionistinnen oder Budgetentscheider oder Budgetentscheiderinnen sein. Diese Personen möchten den Tag so schnell wie möglich hinter sich bringen und nach Hause gehen. Für einen High-Performer oder eine High-Performerin gilt das nicht.

Sie müssen diese Personen mit ihrer Energie aus ihrem Tiefschlaf holen und sie auf ihre Seite bringen. Ihre Lösung soll sie motivieren und dazu bringen, aktiv mit ihnen zu arbeiten. Deshalb schaffen High-Performer und High-Performerinnen gezielt Momente und Situationen, die ihre Energie positiv unterstützen. Sie achten darauf, regelmäßig Pausen einzulegen, um sich zu erholen und ihre Energie aufzuladen. Ohne diese Energie ist es unmöglich, die gewünschten Ergebnisse zu erreichen.

Im Abschn. 2.3 finden Sie eine detaillierte Anleitung, wie Sie Ihr Energielevel auf ein außergewöhnliches Niveau bringen und Ihr Gegenüber in einen positiven, aktiven Zustand versetzen können.

2.3   Das Ritual

Gestalten Sie Ihr Ritual so, dass es zu Ihren aktuellen Lebensumständen passt. Es sollte mindestens 20 min dauern und kann mit Musik untermalt werden. Diese „gedankliche Einkehr" beinhaltet das mentale Durchgehen des Tages. Denken Sie an alle Personen und Dinge, die einen positiven Einfluss auf Ihr Leben haben. Betrachten Sie die überwundenen Herausforderungen und die Menschen, denen Sie dankbar sind oder die Ihnen danken. Fügen Sie auch aktuelle Aufgaben und Themen in dieses Ritual ein.

Ein High-Performer oder eine High-Performerin ist sich darüber im Klaren, dass das Grübeln über noch ausstehende Ziele dazu führen kann, dass diese eher entfernt als näher erscheinen und somit eher abschrecken als motivieren können. Deshalb stellt er oder sie sich vor, die Ziele bereits erreicht zu haben, statt sie sich zu wünschen. Visualisieren Sie die Gefühle und Situationen, die mit dem Erreichen dieser Ziele verbunden sind, und nehmen Sie das Ergebnis emotional vorweg. Diese Vorgehensweise motiviert und entwickelt eine mentale Realität, die dazu anregt, in diese Richtung zu handeln.

Obwohl viele denken könnten, dass die Motivation sinkt, wenn man sich vorstellt, seine Ziele bereits erreicht zu haben, ist das Gegenteil der Fall. Es wird Sie gedanklich beflügeln und motivieren. Diese gedankliche Leere ist der Raum, in dem Motivation und Antrieb wachsen können, um die Realität der Gedanken Schritt für Schritt zu verwirklichen. Sie werden bald feststellen, dass Ihre innere Einstellung und Ihr Glaube an Ihre Fähigkeiten sich deutlich verstärken.

Haben Sie sich jemals gefragt, warum High-Performer oder High-Performerinnen oft größer und erfolgreicher erscheinen, als sie tatsächlich sind? Warum sie stets ehrgeizige Ziele verfolgen und diese mit anderen teilen? Das Geheimnis liegt in ihrer Denkweise: Sie visualisieren ihre Ziele als schon erreicht und sind fest davon überzeugt, dass sie über die notwendigen Eigenschaften und Fähigkeiten verfügen, um sie zu erlangen. Das Unterbewusstsein übernimmt den Rest.

Nachdem Sie Ihre Ziele visuell und emotional festgeschrieben haben, müssen Sie sie also gedanklich positiv besetzen. Wiederholen Sie sich gedanklich so oft wie möglich, dass Sie bereits alles haben, was Sie benötigen, und dass Sie alle erforderlichen Eigenschaften in sich tragen. Visualisieren Sie sich mit bestimmten Charaktereigenschaften, um ein Gefühl der Vollkommenheit und Ruhe zu erzeugen. Diese positive Selbstbeeinflussung ist entscheidend für die Bewältigung der täglichen Herausforderungen mit Zuversicht und Gelassenheit.

Echte High-Performer und High-Performerinnen zeichnen sich dadurch aus, dass sie ihre positiven Eigenschaften nicht nur vortäuschen, sondern dass diese Teil ihrer authentischen Persönlichkeit sind. Sie glauben tatsächlich daran, dass sie diese in sich tragen. Dieser Glaube entsteht durch die positiven Selbstgespräche und das Entwickeln einer festen Überzeugung, dass sie die Fähigkeiten besitzen, um ihre Ziele zu erreichen. Indem Sie sich positive Eigenschaften vorstellen, verwandeln Sie Zweifel in Stärke und Unsicherheit in Selbstvertrauen, was wesentlich für Ihren beruflichen und persönlichen Fortschritt ist.

Beenden Sie Ihr Ritual, indem Sie sich einen großen, kürzlich erzielten Erfolg vorstellen. Falls Sie keinen solchen Erfolg haben, denken Sie an einen persönlichen Triumph aus der Vergangenheit. Versuchen Sie, alle

Einzelheiten und Emotionen dieses Erfolgs zu erinnern und zu visualisieren. Dieses tägliche Ritual wird Sie für die Herausforderungen des Tages
stärken. Die Veränderung Ihrer Gedanken wird nicht von heute auf morgen geschehen. In den ersten Tagen kann es sich vielleicht ungewohnt an-
fühlen, doch die positiven Auswirkungen werden mit der Zeit zunehmen.
Sie werden feststellen, dass Sie in stressigen Situationen eine innere
Stärke und Resilienz entwickeln, die zuvor nicht vorhanden waren. Sie
werden beginnen, immer mehr erreichte Erfolge und Ziele in Ihr Ritual
einzubeziehen. Dadurch wird das Ende jedes Rituals gleichzeitig der Beginn des nächsten, und dieser Kreislauf wird Ihnen dabei helfen, Ihre
Ziele zu erreichen und Ihre Fähigkeiten kontinuierlich zu verbessern.

Übung

Um das Ritual in die Praxis umzusetzen, wählen Sie zunächst Musik, die Sie
motiviert. Sie können das Ritual an einem Ort und zu einer Zeit Ihrer Wahl
durchführen, zum Beispiel beim Spazierengehen oder Kochen. Wichtig ist
nur, dass Sie für 20 min ungestört sind und die folgenden Schritte im Geiste
durchgehen:

1. **Dankbarkeit für vergangene Erfolge und wichtige Beziehungen:**
   Überlegen Sie detailliert, für was Sie in Ihrem Leben dankbar sind, einschließlich Ihrer bisherigen Errungenschaften und der Menschen, die
   Ihnen wichtig sind.
2. **Dankbarkeit für zukünftige Errungenschaften:** Stellen Sie sich ebenfalls
   detailliert vor, für welche künftigen Erfolge Sie dankbar sind.
3. **Zustimmung zu Ihrem Idealbild:** Denken Sie an die Eigenschaften, die Ihr
   ideales Selbst ausmachen, und stimmen Sie diesen zu.
4. **Visualisieren Sie Ihre größten Errungenschaften:** Stellen Sie sich Ihre bedeutendsten Erfolge im Detail vor.

Die Schlüsselkomponente für eine erfolgreiche Durchführung dieses Rituals ist es, jede Situation und jedes Detail intensiv und ausführlich zu visualisieren und die daraus resultierenden Gefühle, Emotionen und Wünsche
vollständig auf sich wirken zu lassen, als seien sie schon Realität.

Es ist leicht, ein High-Performer oder eine High-Performerin zu werden, aber schwieriger, diesen Status langfristig zu halten. High-Performer

und High-Performerinnen sind keine Übermenschen – sie haben ledig-lich herausgefunden, welche Handlungen die besten Resultate bringen. Sobald man die Liga der High-Performer oder High-Performerinnen er-reicht hat, beginnt die eigentliche Herausforderung: Diesen Status zu er-halten. Dies erfordert ständige Selbstreflexion und die Bereitschaft, sich fortlaufend weiterzuentwickeln und neue Strategien zu erlernen. Der Weg eines High-Performers oder einer High-Performerin ist ein kontinu-ierlicher Prozess des Lernens und Wachsens.

Stellen Sie sich vor, Sie haben über viele Monate hart gearbeitet, zahl-reiche neue Kontakte geknüpft und alle Hindernisse überwunden, um den Status eines High-Performers oder einer High-Performerin zu errei-chen. Dieser Erfolg ist nicht nur von finanzieller Bedeutung, sondern er-füllt einen Menschen auch auf emotionaler Ebene und kann sogar eine überwältigende Erfahrung sein. Doch was folgt als Nächstes?

Diese Frage ist von entscheidender Bedeutung. Sollten Sie Ihre bis-herige Strategie beibehalten? Sich zurücklehnen? Was tun, wenn die bis-herigen Methoden nicht mehr ausreichen? Lesen Sie weiter, um zu er-fahren, wie Sie weiterhin ein High-Performer oder eine High-Performerin bleiben und welche Faktoren dabei eine Rolle spielen. Der Pfad zu lang-fristigem Erfolg erfordert eine kontinuierliche Anpassung und Verbesse-rung Ihrer Strategien, wobei eine unerschütterliche Motivation ebenso notwendig ist, um sich ständig neuen Herausforderungen zu stellen und zunehmend größere Erfolge zu erzielen.

2.4   Zielfestlegung und Effizienz

Unternehmen setzen Ziele, die von den Mitarbeiterinnen und Mit-arbeitern erreicht werden sollen. Diese Ziele sind für durchschnittliche Mitarbeiterinnen und Mitarbeitern bestimmt und entsprechen dem Mittelmaß. Ein echter High-Performer oder eine echte High-Performerin setzt sich jedoch eigene, höhere Ziele. Das Unternehmensziel ist für ihn oder sie lediglich eine untere Grenze und dient als Ansporn und Orien-tierung. Ihre eigenen Ziele liegen über dem Unternehmensziel.

Leider ist es nicht unüblich, dass Unternehmen ihren Mitarbeitern un-realistische Ziele setzen, um die Verpflichtung zur Auszahlung von Boni oder Provisionen zu umgehen. Wenn Sie in einem solchen Unternehmen tätig sind, könnte es sinnvoll sein, sich nach neuen beruflichen Herausforderungen umzusehen, die Ihre Leistung angemessen würdigen. Als Verkäuferin oder Verkäufer können Sie zwar nicht alle Faktoren beeinflussen, jedoch sollten Sie stets nach Arbeitsplätzen suchen, die Ihr Engagement anerkennen und fair kompensieren. Es ist wichtig, dass Sie sich selbst und Ihre Fähigkeiten wertschätzen und für einen Arbeitgeber arbeiten, der dies ebenfalls tut.

Wenn Sie in einem Unternehmen arbeiten, in dem die meisten Mitarbeitenden ihre Ziele erreichen, sollten Sie sich nicht davon abhalten lassen, eigene, noch anspruchsvollere Ziele zu setzen und diese mit Ihrer Expertise zu erreichen.

Wie können Sie besser als der Durchschnitt performen? Eine High-Performerin oder ein High-Performer geht folgendermaßen vor:

Der erste wichtige Schritt ist das Ritual, das in Abschn. 2.3 beschrieben wurde. Zusätzlich müssen Sie Ihre eigenen Ziele definieren. Ein weiterer entscheidender Faktor ist die Quantität.

Natürlich wird die Anzahl Ihrer Verkaufsgespräche mit der Zeit abnehmen, da Sie viele Gespräche geführt und lukrative Potenziale angesammelt haben, die ihren eigenen Einkaufszyklus verfolgen, ohne dass Sie darauf Einfluss nehmen können. Auf mittelfristige Sicht werden Sie weniger Erstkontakt-Gespräche führen, um Platz für fest eingeplante Follow-Up-Verkaufsabschlüsse zu schaffen.

Ein häufiger Fehler von Anfängern und Anfängerinnen ist, zu viel Zeit in fest eingeplante Follow-Up-Verkaufsabschlüsse zu investieren und neue Potenziale zu vernachlässigen. Die Zusagen von bereits kontaktierten potenziellen Kunden und Kundinnen geben Anfängern und Anfängerinnen ein Gefühl der Sicherheit, wodurch sie aufhören, in neue Potenziale zu investieren. Auf diese Weise werden Sie jedoch nicht weiterkommen. Ihre Follow-Up-Verkaufsabschlüsse sollten nur einen kleinen Teil Ihrer Zeit in Anspruch nehmen, damit Sie das Potenzial noch nicht kontaktierter Kunden und Kundinnen voll ausschöpfen können.

Ihre Hauptaufmerksamkeit sollte sich fast ausschließlich auf die ersten Verkaufsgespräche mit potenziellen Kundinnen und Kunden konzentrieren, da diese zu schnellen Umsatzsteigerungen führen können.

Wenn Sie bei einem ersten Kontakt einen Termin vereinbaren, sollte dieser kurzfristig stattfinden, und Sie sollten auf keinen Fall mehrere Wochen im Voraus planen. In einem so langen Zeitraum besteht die Gefahr, dass potenzielle Kunden und Kundinnen Sie vergessen oder den Termin absagen. Die effektivste Zeitspanne für die Vereinbarung von Präsentationsterminen mit neuen Kontakten ist eine Woche vor dem geplanten Termin. Ihre Aufgabe besteht also darin, Ihren Terminkalender für die nächste Woche zu füllen, während Sie die Termine der aktuellen Woche abwickeln.

Glauben Sie, dies ist unerreichbar? Ganz und gar nicht! Sie werden sogar in dieser Woche recherchieren und Nachgespräche führen. Betrachten wir hierzu das Beispiel einer High-Performerin oder eines High-Performers. Diese Personen arbeiten konzentriert, wenn sie arbeiten. Wenn sie Spaß haben, geben sie sich voll und ganz dem Spaß hin. Wenn sie eine Pause machen, erholen sie sich tatsächlich. Sie werden eine High-Performerin oder einen High-Performer nicht von ihrer Zielsetzung und ihrem Rhythmus abbringen können.

Der Grund hierfür ist die Zielsetzung: Eine High-Performerin oder ein High-Performer wird durch ihre Arbeitsethik und ihr Gewissen dazu veranlasst, so viele Termine wie möglich zu vereinbaren, um ihrem Ziel nachzugehen. Wäre dieses Ziel keine hohe Priorität, so würde es als unverantwortlich gelten, die Zeit nicht effizient zu nutzen.

Die goldene Regel besagt, dass Sie mindestens zehn Präsentationen pro Woche halten sollten. Mit guter Zeitplanung ist dies jede Woche möglich. Dies bedeutet jedoch, dass Sie sich während des Arbeitstages auf das Wesentliche konzentrieren und jegliche Ablenkung konsequent vermeiden müssen.

Natürlich werden Sie in verschiedenen Branchen und Sektoren mit unterschiedlichen Lösungen tätig sein. In einigen Branchen, in denen Sie Akquise betreiben, scheint das Potenzial für Neukunden und Neukundinnen begrenzt zu sein oder der Produkt-Markt-Fit ist noch nicht voll ausgereift, sodass die Anzahl der Präsentationen gering ist. In solchen Fällen könnte es sinnvoll sein, professionelle Termin-Leger und Termin-Legerinnen ins Boot zu holen!

Erreichen Sie Ihre zehn Präsentationstermine pro Woche – auf jeden Fall. Dies ist Ihr Schlüssel zum Erfolg. Überprüfen Sie, welche E-Mails tatsächlich Ihre Aufmerksamkeit erfordern und welche lediglich Zeit verschwenden. Kündigen Sie Newsletter, die für Ihre Arbeit keine relevanten Informationen mehr bieten. Vermeiden Sie Meetings, an denen Ihre Anwesenheit nicht unbedingt benötigt wird. Ihre Hauptaufgabe besteht nicht darin, überall anwesend zu sein, sondern Umsatz zu generieren.

Eine High-Performerin oder ein High-Performer unterscheidet sich nicht nur durch anspruchsvollere Ziele, sondern auch durch ihre Einstellung zur Arbeit. Sie betrachten ihre Tätigkeit als Mission und nicht als bloßen Job.

Ein weiterer entscheidender Unterschied liegt im Zeitmanagement: Eine High-Performerin oder ein High-Performer plant die Tage sorgfältig und lässt keine ungenutzten Zeitfenster zu. Jede freie Minute wird dazu genutzt, potenzielle Kundinnen und Kunden zu kontaktieren, Präsentationen vorzubereiten oder Hintergrundrecherchen anzustellen. Diese Disziplin und Zielstrebigkeit sind die Schlüsselfaktoren für ihren Erfolg.

Eine High-Performerin oder ein High-Performer versteht auch die Wichtigkeit kontinuierlicher Weiterbildung und Verfeinerung ihrer Fähigkeiten. Sie nehmen regelmäßig an Schulungen und Seminaren teil, um stets auf dem neuesten Stand zu bleiben und ihre Verkaufstechniken zu verbessern. Sie wissen, dass Stillstand gleichbedeutend mit Rückschritt ist und dass sie ihre Ziele nur durch stetiges Lernen und Wachsen erreichen können.

Darüber hinaus hat eine High-Performerin oder ein High-Performer ein solides Netzwerk aufgebaut. Sie pflegen ihre Kontakte und nutzen jede Gelegenheit, um neue Verbindungen zu knüpfen. Diese Netzwerke helfen ihnen, neue Kundinnen und Kunden zu gewinnen und ihre Verkaufszahlen zu steigern. Sie wissen, dass Beziehungen im Geschäft entscheidend sind und dass ein starkes Netzwerk es ihnen ermöglicht, ihre Ziele schneller zu erreichen.

Eine High-Performerin oder ein High-Performer ist zudem in der Lage, Rückschläge und Niederlagen zu verarbeiten. Sie sehen sie als Lernmöglichkeiten und lassen sich davon nicht entmutigen. Stattdessen analysieren sie, was schiefgelaufen ist, und passen ihre Strategien entsprechend an. Diese Resilienz und Anpassungsfähigkeit sind entscheidend für langfristigen Erfolg.

Abschließend ist hervorzuheben, dass eine High-Performerin oder ein High-Performer von einer starken inneren Motivation getrieben wird. Sie werden nicht ausschließlich von externen Anreizen wie Provisionen angetrieben, sondern vor allem von ihren eigenen hohen Ansprüchen und dem Bestreben, ihr Potenzial voll auszuschöpfen. Diese intrinsische Motivation fungiert als treibende Kraft, die sie antreibt und ihnen dabei hilft, auch in schwierigen Zeiten standzuhalten und weiterzumachen.

Zusammenfassend lässt sich feststellen, dass eine High-Performerin oder ein High-Performer durch höhere Zielsetzung, Disziplin, kontinuierliches Lernen, ein solides Netzwerk, Resilienz und eine starke innere Motivation ausgezeichnet ist. Diese Eigenschaften ermöglichen es ihnen nicht nur, die vom Unternehmen gesetzten Ziele zu erreichen, sondern diese weit zu übertreffen und auf lange Sicht erfolgreich zu sein.

2.5 Schwierige Kunden und Nicht-Käufer

Wie verhalten Sie sich gegenüber potenziellen Kundinnen und Kunden, die Ihre Lösungen nicht erwerben möchten und keine Zeit für Sie haben?

Im Bereich Neukundengewinnung wird es praktisch keine Kundin und keinen Kunden geben, die spontan Ihre Lösung kaufen, es sei denn, Sie haben ein Alleinverkaufsrecht. Sollten Sie kein Monopol haben und daher neue Kundinnen und Kunden für Ihre Angebote gewinnen müssen, dann müssen Sie diese Tatsache akzeptieren – Verkauf ist Ihr gewählter Beruf. Falls Ihnen diese Aufgabe nicht gefällt, wäre es ratsam, nach anderen Tätigkeiten außerhalb des Verkaufs zu suchen.

Falls Sie jedoch entschlossen sind und etwas unternehmen möchten, können die folgenden Strategien helfen, spielerisch mit schwierigen Kundinnen und Kunden umzugehen. Sie werden erkennen, dass das Problem häufig nicht bei den Kundinnen und Kunden liegt, sondern in Ihrer eigenen Vorgehensweise.

Es gibt keine schwierigen Kundinnen und Kunden, sondern nur solche, die Ihr Angebot zunächst ablehnen, und andere, die einfach nur einen schlechten Tag haben. Die Kundschaft kennt oft noch nicht Ihr Angebot und dessen Mehrwert. Häufig ist die erste Reaktion der Kundschaft, dass sie nicht mit Ihnen sprechen möchte.

Das kann verschiedene Gründe haben: Sie hat eventuell schlechte Erfahrungen mit Verkäuferinnen und Verkäufern gemacht oder ist skeptisch gegenüber neuen Lösungen. Lassen Sie sich von einem „Ich habe kein Interesse" nicht abschrecken. Eine erfolgreiche Verkäuferin oder ein erfolgreicher Verkäufer lässt sich nicht abwimmeln. Statt unsicher und gekränkt aus dem Gespräch zu gehen, gehen Sie gezielt auf die Kundschaft zu.

Beispiel

Ein guter Ansatz, um die Situation zu ändern, ist es zu fragen: „Woran haben Sie gerade kein Interesse? Sie wissen ja noch gar nicht, was ich anbiete." Mit dieser Frage wecken Sie die Aufmerksamkeit der Kundschaft und zwingen sie, ihr gewohntes Denkmuster zu durchbrechen und nachzudenken.

Die Antwort kann wieder abwehrend sein oder Ihnen wertvolle Informationen liefern, wie zum Beispiel: „Ich habe einfach keine Zeit", „Na, dann sagen Sie mal, was Sie wollen" oder „Sie wollen mir doch sicher etwas verkaufen". In jedem Fall ist es wichtig, authentisch zu bleiben. Reagieren Sie ehrlich und offen auf die Antwort.

Wenn die Kundschaft keine Zeit hat, sagen Sie: „Sehr gerne, wann wäre es Ihnen denn lieber?" Wenn sie sagt „Na, dann schießen Sie mal los", haben Sie die Chance, Ihr Angebot zu präsentieren! Wenn sie sagt „Sie wollen mir doch sicher etwas verkaufen", antworten Sie: „Ja, natürlich möchte ich das. Ich hätte Ihre Zeit nicht beansprucht, wenn mein Angebot keinen Mehrwert für Sie hätte."

Eine erfolgreiche Verkäuferin oder ein erfolgreicher Verkäufer nutzt die Energie der Kundschaft und lenkt sie in eine positive Richtung. Sie werden selten direkt zum Verkaufen eingeladen, da potenzielle Kundinnen und Kunden häufig von vielen Verkäuferinnen und Verkäufern kontaktiert werden. Es ist wichtig, sich von der Masse abzuheben und nicht wie ein typischer Verkäufer zu wirken.

Bedenken Sie, dass jede Kundin und jeder Kunde individuell ist und individuell behandelt werden möchte. Ihre Fähigkeit, sich auf verschiedene Persönlichkeiten und Situationen einzustellen, wird Ihnen helfen, erfolgreicher zu sein.

Eine gute Verkäuferin oder ein guter Verkäufer führt trotz möglichem Widerstand einen offenen, ehrlichen und zielführenden Dialog. Es ist wichtig, eine Balance zwischen dem Brechen festgefahrener Verhaltensmuster und einem angenehmen Gespräch zu finden. Zeigen Sie Verständnis für die aktuelle Situation der Kundschaft und bleiben Sie offen und ehrlich.

Zeigen Sie, dass Sie ein ernsthaftes Angebot haben und dieses nicht um jeden Preis durchsetzen möchten. Der Erfolg im Verkauf liegt häufig in der Fähigkeit, Beziehungen aufzubauen und Vertrauen zu schaffen. Wenn Kundinnen und Kunden merken, dass Sie ehrlich sind und ihr Bestes im Sinn haben, sind sie eher bereit, sich auf ein Gespräch einzulassen.

Es gibt keine schwierigen Kundinnen und Kunden – nur Ihre Reaktion kann als schwierig empfunden werden. Natürlich werden Sie auch auf Personen treffen, die nicht mit Ihnen reden wollen, nachdem Sie sich vorgestellt haben. Dies kann daran liegen, dass sie bereits wissen, was Sie anbieten und welches Unternehmen Sie repräsentieren. Sie sehen keinen Grund, Ihnen den wahren Grund für ihre Ablehnung zu nennen.

Es kann auch sein, dass sie ihre Machtposition nutzen, um sich Ihnen überlegen zu fühlen. Dies können Sie nicht ändern. Wenn Sie das Gefühl haben, alles in Ihrer Macht Stehende getan zu haben, um ein konstruktives Gespräch zu führen, und dies dennoch nicht möglich war, dann lassen Sie es einfach. Es macht keinen Sinn, Ihre Energie und Motivation zu verschwenden. Es gibt noch andere potenzielle Kundinnen und Kunden.

Eine erfolgreiche Verkäuferin oder ein erfolgreicher Verkäufer weiß, dass Personen, die ihre Machtposition ausnutzen und ihre Überlegenheit gegenüber dem Verkäufer demonstrieren, in einem Unternehmen meist nicht lange bleiben. Diese Personen zeigen ihre Unsicherheit nicht nur Ihnen, sondern auch anderen Menschen in ihrer Umgebung. Es ist nur eine Frage der Zeit, bis sie im Unternehmen ausgetauscht werden. Das bedeutet, dass Sie mit etwas Geduld die Gelegenheit haben werden, zu einem späteren Zeitpunkt mit einer anderen Person ins Gespräch zu kommen. Diese Geduld und strategisches Denken sind wesentliche Merkmale einer erfolgreichen Verkäuferin oder eines erfolgreichen Verkäufers.

Auch die herausragendsten Verkäuferinnen und Verkäufer erleben Zeiten, in denen es einfach keine Geschäfte gibt. Der Verkauf ist immer ein Wechsel von Höhen und Tiefen. Verfallen Sie nicht der Illusion eines perfekten Tages, einer perfekten Woche oder gar perfekter Monate. Akzeptieren Sie die natürlichen Fluktuationen im Verkaufsprozess und nutzen Sie diese Zeiten, um Ihre Fähigkeiten zu verbessern, Ihre Strategien zu überdenken und neue Ansätze zu entwickeln.

Erfolgreiche Verkäuferinnen und Verkäufer lernen kontinuierlich und passen sich neuen Herausforderungen an. Ihre Fähigkeit, aus Misserfolgen zu lernen und sich ständig zu verbessern, wird letztendlich den Unterschied ausmachen.

2.6 Niederlagen und das Nein des Kunden

Im Laufe Ihrer Verkaufslaufbahn werden Sie immer wieder Phasen erleben, in denen Sie Misserfolge haben. Keine Vertragsabschlüsse zu erzielen, gehört genauso zu Ihren Aufgaben wie erfolgreiche Abschlüsse. Beides ist zusammengehörig und bildet ein geschlossenes System. Je nach Ihrer Abschlussrate werden Sie Tage haben, an denen Sie nur Absagen erhalten, und andere, an denen Sie viele Abschlüsse erzielen. Es ist wichtig, Ihre Erfolge und Misserfolge in Relation zueinander zu sehen.

Sind Sie eine schlechte Verkäuferin oder ein schlechter Verkäufer, wenn Sie eine Absage erhalten? Auf keinen Fall!

Sie sind nur dann eine schlechte Verkäuferin oder ein schlechter Verkäufer, wenn Sie nicht verstehen, warum die Person ablehnt. Wenn Sie eine Absage hinnehmen, ohne den Grund dafür zu erfragen, dann könnte dies ein Mangel an Engagement sein. Wenn Sie jedoch die Gründe für die Ablehnung erfragt haben und diese nachvollziehen können, dann haben Sie Ihre Aufgabe gut erfüllt.

Es ist wichtig, zu akzeptieren, dass es Faktoren gibt, die außerhalb Ihrer Kontrolle liegen. Behandeln Sie diesen Kontrollverlust als unvermeidlich. Betrachten Sie die Gründe für die Ablehnung und überlegen Sie, ob Sie etwas für zukünftige Strategien lernen können oder ob die Ablehnung einfach eine statistische Komponente Ihrer Verteilung ist. Nutzen Sie jede Gelegenheit, um daraus zu lernen und Ihre Vorgehensweise entsprechend anzupassen.

Ein weiterer wichtiger Punkt ist die psychologische Wirkung von Absagen. Ständige Neins können entmutigend sein und Ihr Selbstvertrauen beeinträchtigen. In jeder Absage liegt eine Gelegenheit, sich als Verkäuferin oder Verkäufer weiterzuentwickeln. Betrachten Sie diese nicht als persönliche Niederlage, sondern als konstruktives Feedback, das Sie dazu nutzen können, sich stetig zu verbessern. Die besten Verkäuferinnen und Verkäufer nehmen diese Absagen als Anlass, ihre Strategien zu verfeinern und ihre Fähigkeiten kontinuierlich zu verbessern.

Eine Absage sollte Sie auch dazu bringen, Ihre Zielgruppenanalyse zu überdenken. Vielleicht sprechen Sie die falschen Kundinnen und Kunden an oder Ihre Botschaft ist nicht gut auf deren Bedürfnisse abgestimmt. Eine gründliche Analyse der Ablehnungsgründe kann Ihnen wertvolle Einblicke in die Denkweise und Bedürfnisse Ihrer potenziellen Kundinnen und Kunden geben. Diese Erkenntnisse können Ihnen helfen, Ihre Verkaufsstrategie zu optimieren und Ihre Abschlussquote zu erhöhen.

> Nur wenn Sie sich der Absagen bewusst sind und sie nicht einfach unbemerkt hinnehmen, verwandeln diese Misserfolge sich in wertvolle Lernmöglichkeiten und sind somit keine Misserfolge mehr im traditionellen Sinn.

Eine erfolgreiche Verkäuferin oder ein erfolgreicher Verkäufer nimmt eine Ablehnung nicht einfach hin, sondern nimmt sie ernst. Sie oder er ist sich bewusst, wie viel Arbeit, Zeit und Engagement in das Gespräch investiert wurden. Daher erwarten sie oder er eine ausführliche Rückmeldung über die Gründe der Absage. Es ist absolut angemessen, nach den Gründen für die Ablehnung zu fragen, da dies wertvolle Informationen für zukünftige Verbesserungen liefern kann.

Diese Anfrage stellt eine wichtige Methode dar, um eigene Schwächen zu identifizieren und zu verbessern. In vielen Fällen kommen durch diese ehrliche und offene Herangehensweise Gründe zutage, die keine echten

Ablehnungsgründe sind. Menschen, mit denen Sie sprechen, behalten oft nur einen Bruchteil von dem, was Sie ihnen sagen. Das kann verschiedene Gründe haben, aber je nach Situation Ihres Gesprächspartners kann die Wahrscheinlichkeit für Missverständnisse hoch sein.

Sind Sie zu aufdringlich, wenn Sie nach den Gründen für die Ablehnung fragen? Ganz und gar nicht! Eine erfolgreiche Verkäuferin oder ein erfolgreicher Verkäufer wirkt vielleicht auf den ersten Blick aufdringlich, weil sie oder er die Konvention des stillen Hinnehmens und des sich Schuldigfühlens nicht lebt. Warum sollte sie sich oder er sich schuldig fühlen? Sie oder er hat nach bestem Wissen und Gewissen gehandelt. Wenn es zu keinem Vertragsabschluss kommt, wird sie oder er die Gründe im Detail ansehen und, falls die Auffassung der Kundin oder des Kunden verzerrt war, ihr oder sein Glück erneut probieren. Wenn wirklich ein Grund vorliegt, der vorher nicht entkräftet werden konnte, wird sie oder er diesen Umstand annehmen und alles tun, um ihn erneut zu analysieren.

Es ist wichtig zu verstehen, dass der Verkaufsprozess ein kontinuierlicher Lernprozess ist. Jede Kundin und jeder Kunde ist einzigartig, und was bei einer Person funktioniert, muss nicht unbedingt bei einer anderen funktionieren. Die erfolgreiche Verkäuferin oder der erfolgreiche Verkäufer lernt ständig dazu, passt ihre oder seine Techniken an und bleibt flexibel in ihrer oder seiner Herangehensweise. Das erfordert Geduld, Ausdauer und die Bereitschaft, aus jedem Feedback – sei es positiv oder negativ – zu lernen.

Wenn Sie offen für Rückmeldungen sind und sich nicht vor Misserfolgen fürchten, werden Sie sowohl im Umgang mit Kundinnen und Kunden als auch im Verkaufsprozess insgesamt kontinuierlich wachsen und sich verbessern. Um es abschließend erneut zu betonen: Eine positive Einstellung ist entscheidend. Misserfolge sind keine entscheidenden Niederlagen, sondern ein unverzichtbarer Bestandteil des Verkaufsprozesses. Sie bieten die Chance zur persönlichen Weiterentwicklung, Wachstum und langfristigem Erfolg. Sehen Sie Neins als Möglichkeit, Ihre Verkaufskompetenzen zu verbessern und langfristig mehr Erfolge zu erzielen. Mit dieser Einstellung können Sie stetig Fortschritte machen und Ihre Verkaufsstrategie kontinuierlich optimieren.

Sehen Sie Neins nicht als Hindernis, sondern als notwendigen Bestandteil Ihres Weges zum Erfolg. Ein Nein kann eine großartige Gelegenheit sein, um zu lernen und sich zu verbessern. Seien Sie offen für Rückmeldungen und analysieren Sie Ihre Neins gründlich, bevor Sie Schlussfolgerungen ziehen. Empfangen Sie Neins mit einer Haltung der Neugier und des Wachstums, anstatt Sie als etwas Negatives zu betrachten.

2.7   Blockierer und Multiplikatoren

Unter Ihren potenziellen Kundinnen und Kunden gibt es zwei Typen: Blockiererinnen und Blockierer (Gatekeeper) und Multiplikatorinnen und Multiplikatoren (Befürworter). Diese Kategorien resultieren aus unterschiedlichen Grundmotivationen der Menschen. Es ist wichtig zu verstehen, was diese Unterscheidung bedeutet und wie Sie als erfolgreiche Verkäuferin oder erfolgreicher Verkäufer damit umgehen können.

Das Temperament-Sales-Modell verlangt bei der Interaktion mit Blockierern und Multiplikatoren eine analytische Anpassung Ihrer Verkaufsstrategie an die Persönlichkeitsmerkmale Ihrer Ansprechpartnerin oder Ihres Ansprechpartners. Eine detaillierte Anleitung hierzu finden Sie in Kap. 5. Durch das Verstehen der individuellen Motivation und des bevorzugten Kommunikationsstils Ihrer Ansprechpartnerin oder Ihres Ansprechpartners können Sie Ihre Argumente präzise und effektiv platzieren. Dies erhöht die Wahrscheinlichkeit, dass Ihre Botschaft gehört, positiv aufgenommen und weitergeleitet wird.

Ihre Ansprechpartnerin oder Ihr Ansprechpartner sind bestrebt, wichtige Angebote von unwichtigen zu unterscheiden. Ihre Aufgabe besteht darin, die Wahrnehmung dieser Personen zu beeinflussen, sodass Ihre Anfrage eine hohe Priorität erhält. Dazu ist es notwendig, sich in Ihre Ansprechpartnerin oder Ihren Ansprechpartner hineinzuversetzen und ihre Perspektive zu verstehen.

Beispiel

Versetzen Sie sich in die Position dieser Person. Sie arbeiten in einem Unternehmen und haben eine Vorgesetzte oder einen Vorgesetzten. Ob Sie in einer Abteilung tätig sind oder die Entscheiderin oder der Entscheider sind, ist unerheblich. Entscheidend ist die Motivation. Was erzeugt in Ihnen als Mitarbeiterin oder Mitarbeiter ein Gefühl der Anerkennung? Die Grundmotivation jedes Menschen, sei es beruflich oder privat, ist die Steigerung der Wertschätzung in einem sozialen Umfeld. Es geht nicht darum, sich als die oder der Beste zu fühlen, sondern einen wertvollen Beitrag zu leisten, der von anderen geschätzt wird.

Eine erfolgreiche Verkäuferin oder ein erfolgreicher Verkäufer macht den Mehrwert direkt in klaren Worten verständlich. Auf den ersten Blick kann dies als ungeschickt erscheinen, jedoch kommuniziert diese Methode dem Gegenüber in Wirklichkeit die Vorteile ihrer oder seiner Handlungen.

Diese Handlungen können sich unterscheiden, müssen aber das Versprechen zu einer oder beiden Grundfunktionen Ihres Angebots erfüllen: Erhöhung der Gewinne oder Senkung der Kosten.

Wenn Ihre Ansprechpartnerin oder Ihr Ansprechpartner ein Multiplikator sein soll, muss Ihr Angebot die Möglichkeit bieten, dass ihre oder seine Anerkennung im Unternehmen steigt. Dies geschieht, indem Ihre Lösung das Unternehmen entweder durch höhere Einnahmen oder Kosteneinsparungen unterstützt, wodurch das Ansehen Ihrer Ansprechpartnerin oder Ihres Ansprechpartners positiv beeinflusst wird.

In der heutigen Wirtschaftswelt müssen Ihre Lösungsvorschläge dem Unternehmen zu Wachstum und Profit verhelfen. Sollte Ihre Ansprechpartnerin oder Ihr Ansprechpartner ein Blockierer sein und Ihre Botschaft nicht weitergeben, liegt dies häufig daran, dass die Motivation nicht ausreichend ist, weil noch nicht klar wurde, was Ihr Angebot für sie oder ihn persönlich bedeutet.

Falls der Nutzen bekannt ist und dennoch blockiert wird, ist es wahrscheinlich, dass sie oder er nicht die richtige Ansprechperson ist. In beiden Fällen haben Sie die Kontrolle und können entweder eine andere Ansprechperson auswählen oder warten, bis die Person das Unternehmen verlässt.

> Eine erfolgreiche Verkäuferin oder ein erfolgreicher Verkäufer ist sich bewusst, dass eine Ansprechperson, der oder die dem Erfolg des Unternehmens gleichgültig ist, nicht lange in dieser Position bleiben wird. Daher konzentrieren sie sich auf das Identifizieren von Ansprechpartnern, die ein starkes Interesse am Wohl des Unternehmens zeigen und langfristig zur Gewinnmaximierung beitragen möchten.

Um eine Zustimmung zu erhalten, müssen Sie alle Ablenkungen der Geschäftswelt ausblenden. Ihre Ansprechpartnerin oder Ihr Ansprechpartner wird zunächst davon ausgehen, dass Ihr Angebot von geringem Wert ist, da sie oder er noch nicht mit Ihnen und Ihrem Angebot vertraut ist. Nehmen Sie an, dass dies ihre oder seine initiale Einstellung ist.

Sie haben die Möglichkeit, Ihre Verkaufserfolge zu steigern! Dazu benötigen Sie zunächst eine positive Einstellung, um diese Herausforderung anzugehen. Nutzen Sie anschließend Ihr volles Potenzial und das Temperament-Sales-Modell mit seinen Interaktions- und Analysekomponenten, um Ihre Verkaufsstrategie zu optimieren und Ihre gewünschten Ergebnisse zu erzielen.

Durch die Berücksichtigung und geschickte Anwendung dieser Faktoren positionieren Sie sich als erfolgreiche Verkäuferin oder Verkäufer und erhöhen Ihre Chancen auf Verkaufsabschlüsse signifikant. Es ist von entscheidender Bedeutung, Ihre Fähigkeiten und Strategien stetig zu verbessern und an die dynamischen Bedürfnisse und Erwartungen Ihrer Kunden anzupassen.

Damit werden Sie ein wichtiger Bestandteil des Verkaufserfolgs und schaffen es, auch in komplexen und herausfordernden Situationen zu überzeugen und zu erfolgreichen Abschlüssen zu kommen.

2.8 Erzeugung des Ja

Stellen Sie sich vor, die Kundin oder der Kunde ist bereit zum Kauf. Es gibt ein festgelegtes Budget, klare Anforderungen und spezifische Herausforderungen, weshalb die Person nach einer externen Lösung sucht.

Es liegt in Ihrer Verantwortung, alle Gründe darzulegen, warum der Kauf bei Ihnen die beste Entscheidung ist. Fragen werden aufkommen, und die Entscheiderin oder der Entscheider wird nicht immer Ihrer Meinung sein. Ihre Aufgabe besteht darin, diese Fragen kompetent zu beantworten und die Ansprechperson zu überzeugen.

Wenn die Person nicht übereinstimmt und etwa sagt: „Ich sehe das anders, weil …", reagieren Sie angemessen. Bleiben Sie bei Ihrer Position und ändern Sie nicht die Inhalte. Wenn Sie sich in Widersprüche verwickeln und nicht authentisch wirken, verlieren Sie das Vertrauen des Kunden oder der Kundin.

Fehler sind menschlich und können passieren; es ist in Ordnung, wenn Sie sich manchmal nicht präzise ausdrücken. Solche Fehler sollten jedoch bei wichtigen Punkten wie Produktempfehlungen oder Kosten nicht geschehen. Wenn Sie einen ernsthaften Fehler begehen, gestehen Sie ihn offen ein, entschuldigen Sie sich aufrichtig und setzen Sie Ihre Erläuterungen fort. Ihre Ansprechperson wird erkennen, dass es sich um einen Fehler handelte, und dass Sie verstehen, dass dieser nicht hätte passieren dürfen. Durch diese Einsicht erlangen Sie wieder Kontrolle über die Situation.

Wenn die Person meint, es besser zu wissen, bleiben Sie standhaft und lassen Sie sich nicht auf Diskussionen ein. Teilen Sie ihr oder ihm mit, dass Sie seine oder ihre Sichtweise verstehen, aber Ihre Überzeugung auf Daten und Analysen beruht und nicht auf persönlichen Meinungen. Selbst wenn die Person Ihre Argumente weiterhin kritisiert, verweisen Sie auf die Fakten und machen Sie deutlich, dass es sich nicht um Ihre subjektive Meinung handelt.

Irgendwann, möglicherweise nach dem vierten oder fünften Anlauf, wird die Kundin oder der Kunde Ihren Standpunkt anerkennen und Ihre Professionalität vielleicht sogar loben.

Die Kundin oder der Kunde befindet sich in einer mächtigeren Position und wird versuchen, Ihre Position zu untergraben, sei es aus Gründen der Preisverhandlung oder aufgrund von Langeweile. Wenn Sie eine Meinung vertreten, die auf Ihrer Expertise basiert, bleiben Sie bei Ihrer objektiven Darstellung. Die Kundin oder der Kunde wird sich im Laufe der Zeit Ihrem Standpunkt nähern.

Bis jetzt haben wir uns mit der Verbesserung Ihrer Einstellung und der Interaktion mit der Kundin oder dem Kunden beschäftigt. Nun wollen wir uns darauf konzentrieren, wie Sie potenzielle Kundinnen und Kunden und deren Anforderungen identifizieren können. Im Mittelpunkt steht die Frage, wie Sie effektiv die Bedürfnisse Ihrer Kundinnen und Kunden analysieren und die richtigen Lösungen anbieten können.

Eine gründliche Vorbereitung und eine klare Ausrichtung sind entscheidend für den Erfolg. Durch ein tiefes Verständnis der Bedürfnisse und Herausforderungen der Kundin oder des Kunden können Sie Ihre Angebote und Argumente gezielt auf deren spezifische Anforderungen abstimmen. Basieren Sie Ihren Termin-Pitch auf soliden Daten, um Glaubwürdigkeit und Überzeugungskraft zu demonstrieren und erfolgreich einen Termin zu vereinbaren.

Stellen Sie den Wert Ihrer Lösung im Vergleich zu den Angeboten Ihrer Konkurrenten heraus. Verdeutlichen Sie die einzigartigen Vorteile und den Mehrwert, den Ihr Unternehmen bietet, und warum es die perfekte Wahl für die Kundin oder den Kunden ist. Betonen Sie die Kosteneffizienz, Nachhaltigkeit und Zukunftssicherheit Ihrer Lösungen, um zu zeigen, dass sie nicht nur kurzfristige, sondern auch langfristige Vorteile bieten. Eine gut durchdachte und überzeugende Argumentation hilft Ihnen dabei, das Vertrauen der Kundin oder des Kunden zu gewinnen und sie oder ihn langfristig an Ihr Unternehmen zu binden.

2.9   Recherche für den Abschluss

Ein erfolgreicher Verkauf hängt maßgeblich davon ab, dass Sie Ihre Zielgruppe genau kennen.

Sammeln und analysieren Sie daher gezielt Informationen über Ihre potenziellen Neukundinnen und Neukunden. Auch wenn Ihre Sales-Organisation die Recherche für Sie übernimmt, seien Sie vorsichtig. Ohne eigene Recherche werden Sie nie vollständig verstehen, warum potenzielle Neukundinnen und Neukunden an Sie weitergegeben werden. Im Falle eines fehlgeschlagenen Abschlusses bleibt die Ursache unklar. Als Verkäuferin oder Verkäufer ist es daher wichtig, herauszufinden, welche potenziellen Neukundinnen und Neukunden bereit zum Kauf sind und welche nicht.

Stellen Sie sich nicht nur die Frage: „Warum nicht?", sondern auch: „Warum sollte die potenzielle Neukundin oder der potenzielle Neukunde kaufen?" Im Rahmen Ihrer Recherche stehen Ihnen zwei gezielte Ansätze zur Verfügung, um die erforderlichen Informationen zu erhalten:

* Die Analyse und Interpretation von Daten sowie die Rückmeldungen von kontaktierten Ansprechpersonen.
* Die direkte Kommunikation mit Ihren bestehenden Kundinnen und Kunden.

Durch diese zwei Methoden können Sie sowohl auf objektive Daten als auch auf subjektive Einschätzungen von Expertinnen und Experten zurückgreifen, um eine umfassende Perspektive zu erhalten und daraus wertvolle Schlussfolgerungen zu ziehen. Bei Ihrer Recherche versetzen Sie sich in die Lage Ihrer möglichen Neukundinnen und Neukunden. Stellen Sie sich vor, Sie wären die mögliche Neukundin oder der mögliche Neukunde und eine Vertriebsmitarbeiterin oder ein Vertriebsmitarbeiter würde Sie kontaktieren. Was würden Sie gerne hören? Welche Herausforderungen haben Sie? Was möchten Sie gelöst bekommen?

Als Verkäuferin oder Verkäufer sollten Sie folgende Fragen beantworten können:

* Was benötigt die potenzielle Neukundin oder der potenzielle Neukunde wirklich?
* Was würde ihren oder seinen Arbeitsalltag, in ihrer oder seiner Rolle, erleichtern?
* Was würde sie oder er konkret erhalten oder sich ersparen?
* Welches Angebot ist aus Verkäufersicht die bestmögliche Variante und warum?

Als Verkäuferin oder Verkäufer können Sie sich bestens darauf vorbereiten, diese Fragen anhand der verfügbaren Ressourcen wie Online-Recherche, internen Schulungen und zur Verfügung gestellten Produktinformationen selbst zu beantworten und durch die Rückmeldungen

Ihrer kontaktierten potenziellen Neukundinnen und Neukunden bestätigen zu lassen. Wenn Sie während Ihrer Gespräche neue Informationen erhalten, die Ihre bisherigen Annahmen korrigieren, betrachten Sie dies als wertvolles Feedback. Diese Einblicke helfen Ihnen, Ihre Recherche mit bestätigten Informationen zu verbessern und Ihre zukünftigen Vorbereitungen zu optimieren.

Effektive Recherche kann auf vielfältige Weise durchgeführt werden, entweder durch die Analyse und Interpretation von Daten und die Rückmeldungen der kontaktierten Ansprechpersonen oder durch die direkte Kommunikation mit Ihren bestehenden Kundinnen und Kunden. Beide Ansätze können je nach Situation von großem Nutzen sein und helfen Ihnen, Ihr Verständnis für die Bedürfnisse Ihrer Kundinnen und Kunden zu vertiefen.

Ich empfehle, die direkte Unterstützung durch die Kundin oder den Kunden bei der Recherche zu nutzen, um so ein detailliertes Profil potenzieller Neukundinnen und Neukunden zu erstellen, die noch nicht gekauft haben. Häufig teilen Kundinnen und Kunden in Ihrer Zielgruppe ähnliche Herausforderungen, sodass Sie alle benötigten Informationen direkt von Ihren Kundinnen und Kunden erhalten können. Ermitteln Sie die Kaufmotive Ihrer bestehenden Kundinnen und Kunden, indem Sie sie direkt befragen. Der Vorteil dieses Ansatzes besteht darin, dass Sie die gewonnenen Informationen nicht durch die Analyse von Daten und eigene Interpretation bestätigen lassen müssen.

Diese Befragung muss nicht jedes Mal von Neuem durchgeführt werden, sondern nur einmalig zu Beginn, wenn Sie sich in einer neuen Umgebung befinden. Sobald Sie genügend Informationen gesammelt haben, berücksichtigen Sie diese stets in Ihrer Zielgruppenansprache. Durch die Recherche legen Sie den Grundstein für einen erfolgreichen Verkaufsabschluss. Die Informationen, die Sie aus der Recherche erhalten, sind nicht nur hilfreich für die Ansprache potenzieller Neukundinnen und Neukunden wie in Abschn. 2.9.1 beschrieben, sondern dienen auch dazu, die Struktur Ihrer Präsentationen an die Kaufmotive Ihrer Zielgruppe anzupassen wie in Abschn. 3.3 beschrieben. Nutzen Sie dieses Wissen, um Ihre Verkaufschancen zu erhöhen.

Eine erfolgreiche Verkäuferin oder ein erfolgreicher Verkäufer legt Wert auf klare und direkte Kommunikation und schafft ein angenehmes

Gesprächsklima, während unnötige Floskeln vermieden werden. Vermitteln Sie die Ergebnisse Ihrer Recherche klar und verständlich an potenzielle Neukundinnen und Neukunden. Nutzen Sie dabei die Sprache, die von den befragten Kundinnen und Kunden oder angesprochenen potenziellen Neukundinnen und Neukunden verwendet wurde, und zeigen Sie, dass Sie sich mit ihren Bedürfnissen auseinandergesetzt haben.

Zusammenfassend lässt sich sagen, dass gründliche Recherche und klare Kommunikation entscheidend für einen Verkaufsabschluss sind. Durch eine sorgfältige Vorbereitung steigern Sie Ihre Chancen auf Erfolg beträchtlich. Nutzen Sie die gewonnenen Einsichten, um Ihre Verkaufsstrategie kontinuierlich zu optimieren und sich auf die Bedürfnisse Ihrer potenziellen Neukundinnen und Neukunden zu fokussieren. Ein tiefes Verständnis der Zielgruppe und eine klare Vorgehensweise sind der Schlüssel zum Erfolg im Vertrieb.

2.9.1 Von der Recherche zur Anrede

Wenn Sie die Kaufmotive von Unternehmen kennen oder wissen, wie Sie diese identifizieren können, haben Sie einen wichtigen Schritt getan. Allerdings fehlt ein entscheidender Faktor: Sie benötigen konkrete Ansprechpersonen. Auch die beste Strategie wird ohne diese Information letztlich nicht erfolgreich sein. Bei der Kontaktaufnahme stellt sich die entscheidende Frage: Wer ist die richtige Ansprechperson?

Selbst das gründlichste Verständnis der Kaufmotive eines Unternehmens ist wertlos, wenn Sie die falsche Person ansprechen. Dies hat mehrere Gründe: Die gewählte Person könnte kein Interesse an Ihrem Angebot haben oder andere Aufgaben zu erledigen haben. In beiden Fällen verschwenden Sie Ihre Energie und Ressourcen.

Statt darüber nachzudenken, wer Ihre Ansprechperson sein könnte, wenn Sie es noch nicht genau wissen, sollten Sie sich lieber die Frage stellen: „Wer kann mir möglicherweise Auskunft darüber geben, wer meine Ansprechperson ist?" Diese Perspektive hilft Ihnen, potenziell hilfreiche Informationen zu erhalten und Ihre Ansprechperson schneller zu identifizieren.

Diese Frage kann durch verschiedene Methoden beantwortet werden, entweder durch Datenanalyse und Interpretation oder durch direkte Nachfrage beim Unternehmen. Häufig ist die direkte Anfrage die effizienteste Methode, da Ihre Gesprächspartnerinnen und Gesprächspartner selbst die beste Informationsquelle sind.

> Solange eine Person nicht ausdrücklich erwähnt, dass sie nicht die richtige Ansprechperson ist, sollte sie als die richtige Ansprechperson betrachtet werden.

Wenn eine angesprochene Person weiß, dass sie nicht die richtige Ansprechperson ist, muss sie gleichzeitig wissen, wer das ist, oder zumindest wissen, wie man an diese Person gelangen kann. Falls sie dies nicht weiß, kann sie nicht sicher sein, dass sie nicht die richtige Ansprechperson ist.

Wie finden Sie die Person, die Ihnen die richtige Ansprechperson nennen kann? Stellen Sie sich die Frage: „Wie bringe ich jemanden dazu, mir zuzuhören und mir die richtige Ansprechperson zu nennen?" Die Antwort darauf ist erstaunlich einfach: durch eine gute Geschichte (Story) wie in Abschn. 2.9.3 beschrieben.

Eine effektive Geschichte sollte zwei Kernbotschaften enthalten:

- Ein überraschendes Element, das das Interesse der Zuhörerinnen und Zuhörer weckt und ihre Neugier anregt.
- Ein lösbarer kritischer Zustand, der eine Herausforderung oder ein Problem präsentiert, für das Sie eine Lösung anbieten können und zum Handeln animiert.

Ihre Geschichte muss ein überraschendes Element enthalten, um die Aufmerksamkeit der Zuhörerin oder des Zuhörers zu gewinnen. Ohne ein solches Element geht Ihre Kontaktaufnahme in der Flut täglicher Anfragen unter. Wenn Sie Ihrem ersten Kontakt nicht vermitteln, dass er oder sie durch Ihre Hilfe eine kritische Situation lösen kann, erfahren Sie nicht, wer die richtige Ansprechperson ist.

Achten Sie darauf, dass Ihre Geschichte Ihrem ersten Ansprechpartner oder Ihrer ersten Ansprechpartnerin das Gefühl gibt, er oder sie könne dazu beitragen, den kritischen Zustand zu lösen. Menschen schätzen Aufmerksamkeit und Wertschätzung. Wenn Ihr Erstkontakt sich durch sein Engagement von Ihnen und der richtigen Ansprechperson gewürdigt fühlt, haben Sie Ihr Ziel erreicht. Hierfür ist es wichtig, dass Sie in Ihrer Geschichte auch eine Lösung für den kritischen Zustand anbieten.

In vielen Fällen ist die erste Kontaktperson nicht die richtige Ansprechperson. Wenn Sie ohne Lösungsangebot in die Gespräche einsteigen, muss Ihr Kontakt innerhalb des Unternehmens nach der richtigen Ansprechperson suchen, was Ihren Verkaufsprozess verlängert. Wenn Sie jedoch eine Lösung in Ihrer Geschichte präsentieren, wird die erste Kontaktperson Sie direkt an die richtige Person weiterleiten, die sich mit dem kritischen Zustand und der Lösung identifizieren kann. Wenn Sie genug Interesse geweckt und Ihre Lösung anschaulich dargestellt haben, wird Ihr Kontakt Sie an die richtige Person weiterleiten und sich dabei hilfreich fühlen.

In diesem Zusammenhang ist das Bottom-Top-Modell hilfreich. Je höher Ihr erster Kontakt in der Unternehmenshierarchie ist, desto unwahrscheinlicher ist dieses Vorgehen. Aus Zeitgründen und aufgrund anderer Prioritäten sollten Sie möglichst weit unten in der Hierarchie beginnen, zum Beispiel bei der Rezeption des Unternehmens. Diese Ansprechpersonen sind oft sehr gut informiert und haben einen guten Überblick über die Personen und Zuständigkeiten im Unternehmen. Außerdem sind sie in der Regel freundlich und hilfsbereit, was Ihre Chancen erhöht, die benötigten Informationen zu erhalten.

Durch eine überzeugende Geschichte können Sie als Verkäuferin oder Verkäufer das Interesse und die Wertschätzung Ihrer Zielgruppe gewinnen. Wenn Ihre Geschichte es schafft, den ersten Ansprechpartnerinnen und Ansprechpartnern die Möglichkeit zu bieten, sich positiv einzubringen, erhalten Sie Zugang zur richtigen Ansprechperson. Dies ist der entscheidende Schritt für Ihre weiteren Bemühungen. Durch strategische und zielgerichtete Kommunikation können Sie nicht nur die richtige Ansprechperson identifizieren, sondern auch einen guten ersten Eindruck hinterlassen, der Ihre Chancen auf einen erfolgreichen Abschluss deutlich verbessert.

2.9.2 Die Auflösung der Story

Sie haben es geschafft, Ihre zuständige Ansprechperson zu identifizieren. Jetzt beginnt die wirklich spannende Aufgabe: Wie überzeugen Sie sie, die nächsten Schritte mit Ihnen zu gehen? Ihre Geschichte hat ihr Ziel erreicht, das überraschende Element und der kritische Zustand haben die gewünschte Wirkung erzielt, und die zuständige Ansprechperson wartet nun auf Ihre Signale. Sie befinden sich jetzt an einem wichtigen Punkt, an dem entschieden wird, ob Ihr Anliegen weiterverfolgt, zurückgestellt oder ignoriert wird. Es liegt nun an Ihnen, die richtigen Schritte zu unternehmen, um den gewünschten Erfolg zu erreichen.

Es ist wichtig, die Bedeutung dieses Moments zu erkennen. Jede Kleinigkeit zählt. Ihrer Ansprechperson wurde Ihre Geschichte weitergegeben, und der kritische Zustand hat die gewünschte Wirkung erzielt. Nun liegt es an Ihnen, diese Wirkung in einen kontinuierlichen Dialog zu überführen.

Sie können davon ausgehen, dass Ihr ursprünglicher Kontakt Ihre Geschichte exakt so weitergegeben hat, wie Sie sie erzählt haben. Diese Person war auf der Suche nach Wertschätzung und Aufmerksamkeit und ist genau aus diesem Grund kooperativ gewesen. Nun liegt es an Ihnen, diese Geschichte zu festigen und auszuschmücken. Erzählen Sie die Geschichte so, dass sie sich nahtlos an das bereits vorhandene Wissen Ihrer Ansprechperson anfügt, neue Perspektiven eröffnet und gleichzeitig authentisch und nachvollziehbar bleibt.

Sobald Sie den richtigen Ansprechpartner oder die richtige Ansprechpartnerin erreicht und kontaktiert haben, sollten Sie den kritischen Zustand vollständig lösen. Hier gilt die Regel „Weniger ist mehr". Dies bedeutet, dass Sie in kurzen, prägnanten Sätzen verdeutlichen sollten, welche Lösung Sie für das Problem anbieten können, das der kritische Zustand zutage gebracht hat. Ihre Botschaft muss klar und einfach verständlich sein. Vermeiden Sie überflüssige Komplexität und gehen Sie direkt auf den Kern der Sache ein.

Wenn Ihre Lösung für Ihre Ansprechperson von Nutzen ist, werden sie möglicherweise skeptisch sein und annehmen, dass Ihr Angebot mit Kosten verbunden ist. Sollten sie Sie fragen, ob Sie ihnen etwas verkaufen möchten, antworten Sie klar mit „Ja, genau!" Auf die Frage, ob Sie eine Verkäuferin oder ein Verkäufer sind, antworten Sie ebenfalls ehrlich mit „Ja, genau!" Und wenn sie sagen: „Das ist sicher nicht kostenlos!", antworten Sie offen mit „Nein, natürlich nicht!" Diese ehrlichen und direkten Antworten fördern Vertrauen und Klarheit. Sie zeigen, dass Sie transparent sind und keine versteckten Absichten haben.

Da Ihre Ansprechperson sich bereits vorstellen kann, wie sie von Ihrem Angebot profitieren wird, haben Sie die Hürde des initialen Misstrauens überwunden. Dieser positiven Vorstellung, die sich Ihre Ansprechperson gemacht hat, wird monetärer Wert beigemessen. Dadurch stehen Ihre Chancen gut, Ihr Ziel zu erreichen!

Nachdem Sie klar mit Ja oder Nein geantwortet haben, sollten Sie weiteres Wissen vermitteln, das Sie während der Recherchephase gewonnen haben. Machen Sie deutlich, dass Sie den Kontakt aus bestimmten Gründen gesucht haben und dass Ihr kostenpflichtiges Angebot die Lösung für diese Probleme darstellt. Betonen Sie gleichzeitig, dass Sie sich nicht umsonst die Mühe gemacht hätten, um die Ansprechperson zu kontaktieren und so viel Zeit zu investieren. Erwähnen Sie, dass dies genau der Grund für Ihre Kontaktaufnahme war und nun ein offizieller Termin vereinbart werden sollte.

High-Performerinnen und High-Performer kennen ihren Mehrwert und ihr Zeitbudget. Sie sind sich bewusst, dass niemand Zeit vergeuden möchte. Zeit ist kostbar, da sie zwar scheinbar kontrollierbar, aber nicht unbegrenzt vorhanden ist. Aus diesem Grund ist jeder Moment wertvoll, und jede Interaktion sollte gut überlegt und zielgerichtet sein. High-Performerinnen und High-Performer erkennen die Zeichen und reagieren schnell und effizient. Erfolg ist oft das Resultat einer gut genutzten Zeit.

Sie haben Ihre Recherche gründlich durchgeführt, Ihre Botschaft formuliert und Ihre Geschichte einschließlich eines überraschenden Elements, eines kritischen Zustands und der dazugehörigen Lösung vermittelt. Ihre Lösung wurde als potenzieller Mehrwert anerkannt. Jetzt ist es an der Zeit, einen offiziellen Termin für die Präsentation Ihrer Lösung zu vereinbaren. Es ist noch nicht der richtige Moment, Details Ihrer Lösung zu offenbaren oder das Gespräch zu vertiefen, da Ihre Gesprächspartnerin oder Ihr Gesprächspartner seine Meinung schnell ändern und Ihre Lösung doch nicht als Mehrwert betrachten könnte. Seien Sie mutig und effektiv!

Zusammenfassend lässt sich sagen, dass der Schlüssel zum erfolgreichen Verkauf und effektiven Kommunikationsprozess darin besteht, im richtigen Moment die richtigen Dinge zu sagen. Nehmen Sie Ihre Ansprechpersonen dort auf, wo sie stehen, und führen Sie sie Schritt für Schritt durch den Prozess. Seien Sie präzise, klar und entschlossen. Nutzen Sie die gewonnenen Erkenntnisse aus Ihrer Recherche und die Stärke Ihrer Geschichte, um einen nachhaltigen Eindruck zu hinterlassen. Am Ende kommt es darauf an, einen Präsentationstermin vereinbaren zu können, der Ihnen die Möglichkeit bietet, Ihre Lösung umfassend darzustellen und Ihre Ansprechpersonen letztendlich zu überzeugen.

2.9.3 Termin-Pitch

Kaltakquise zielt darauf ab, das Interesse einer Person zu wecken. Im ersten Gespräch steht nicht unbedingt Ihre Lösung, sondern Sie selbst als Person im Mittelpunkt. Bevor jemand an Ihrer Lösung interessiert ist, müssen Sie zunächst dessen Interesse an Ihnen selbst wecken.

Der folgende Gesprächsleitfaden hilft Ihnen, einen Termin für die Präsentation zu vereinbaren.

Beispiel

„Guten Tag, mein [Name] ist, ich rufe von [Unternehmen] an. Unsere Analyse hat gezeigt, dass Sie [Überraschendes Element] im [Bereich] haben. Sind unsere Daten korrekt?"

* Bei einem Nein: „Unsere Systeme machen normalerweise keine Fehler."
* Bei einem Ja: „Unsere Systeme machen in solchen Fällen keine Fehler."

Der Schwerpunkt in diesem Schritt liegt nicht so sehr auf der Antwort auf Ihre Frage, sondern vielmehr auf der Aufmerksamkeit Ihres Gesprächspartners. Es geht darum, dass sich Ihre Ansprechpartnerin oder Ihr Ansprechpartner auf Sie und Ihr Anliegen konzentriert. Wahrscheinlich werden Sie nun gefragt, was Sie eigentlich wollen.

> Dann kommt Ihr Pitch:
> „Ich gehe davon aus, dass ich Sie mit meinem Anruf überrascht habe.
> Viele Unternehmen in Ihrer Branche nutzen unsere **[Lösung]**, um **[kritischer Zustand]** zu optimieren. Mit unserer Lösung werden Sie diese Aspekte signifikant verbessern können. Habe ich Sie gerade bei einer wichtigen Aufgabe unterbrochen?"
>
> • Bei einem Ja: „Passt für Sie Montagvormittag oder Dienstagnachmittag besser?"
> • Bei einem Nein: „Wann passt es Ihnen am besten?"
>
> Nach der Rückmeldung:
> „Sehr gut, ich werde Ihnen sofort eine Einladung senden, damit Sie überprüfen können, mit wem Sie gerade sprechen. An welche E-Mail-Adresse darf ich diese senden?"
> „Von welcher Nummer aus könnte ich Sie am besten erreichen, falls es doch zu einer Terminüberschneidung kommen sollte?"
> „Perfekt, Sie können alle relevanten Personen zu diesem Termin einladen oder ich kann diesen Teil gerne für Sie übernehmen, damit alle direkt über das Thema informiert werden. Dadurch sparen Sie sich die Arbeit, diese Informationen mehrfach weiterzugeben."
> „Ich wünsche Ihnen eine angenehme Zeit und freue mich auf unser Gespräch."

Sie verfügen nun über alle Informationen, die Sie für diesen Teil des Prozesses benötigen. Mit der E-Mail-Adresse haben Sie häufig auch den vollständigen Namen der Person und die Telefonnummer ist bereits bekannt. Es ist nicht mehr notwendig, nachzufragen, ob die Person die richtige Ansprechpartnerin oder der richtige Ansprechpartner ist, da es unwahrscheinlich ist, dass jemand so schnell einen Termin vereinbart, wenn er oder sie nicht zuständig wäre. Es ist wahrscheinlich, dass diese Person entweder weitere Mitarbeiter des Unternehmens zum Termin mitbringt oder Sie mit der Terminkoordination beauftragt, um die Gelegenheit zu nutzen, Ihre Informationen direkt an alle relevanten Personen weiterzugeben und so weitere Informationsweitergaben zu minimieren.

Es ist von Bedeutung, die erhaltenen Informationen gründlich zu dokumentieren. Notieren Sie sich alle relevanten Details und protokollieren Sie den Gesprächsverlauf schriftlich. Dadurch wird es Ihnen beim nächsten Kontakt erleichtert, und Ihre Gesprächspartnerin oder Ihr Gesprächspartner erkennt, dass Sie professionell arbeiten. Zudem dient dies als gute Grundlage für die Vorbereitung auf das kommende Gespräch.

Bereiten Sie sich darauf vor, mögliche Einwände zu beantworten. Seien Sie bereit, Fragen zu Ihrer Lösung oder Ihrem Unternehmen zu beantworten. Eine sorgfältige Vorbereitung hilft Ihnen dabei, souverän zu antworten und das Vertrauen der potenziellen Kundin oder des potenziellen Kunden zu gewinnen. Denken Sie auch daran, dass Sie eigene Fragen stellen können, um zusätzliche Informationen zu erhalten, die Ihnen bei der Vorbereitung auf das kommende Gespräch hilfreich sein könnten.

Nach der Terminvereinbarung ist eine Nachfassung sinnvoll. Senden Sie eine Kalendereinladung mit einem kurzen Überblick über die zu besprechenden Punkte und dem vereinbarten Termin. Dadurch bieten Sie Ihrer Gesprächspartnerin oder Ihrem Gesprächspartner die Möglichkeit, den Termin zu bestätigen oder anzupassen und zeigen gleichzeitig Ihre Zuverlässigkeit. Zudem erhalten Sie eine Bestätigung der Terminzusage, was für die weitere Planung von Nutzen sein kann.

Durch diese umsichtige Vorgehensweise und gute Vorbereitung erhöhen Sie die Wahrscheinlichkeit, dass die potenzielle Kundin oder der potenzielle Kunde Interesse an Ihrem Produkt zeigt und einen Termin für eine ausführlichere Präsentation vereinbart. Halten Sie im Hinterkopf, dass der erste Eindruck entscheidend ist. Ein professionelles und freundliches Auftreten ist der Schlüssel für erfolgreiche Kaltakquise. Bleiben Sie aufmerksam und flexibel, damit Sie auf unvorhergesehene Situationen schnell reagieren und Ihre Gesprächspartnerin oder Ihren Gesprächspartner überzeugen können.

2.9.4 Termin-Closing

Nach der Terminvereinbarung ist eine gründliche Nachfassung von zentraler Bedeutung.

Ein offizieller Termin sollte auch vom Gegenüber als solcher erkannt und entsprechend ernst genommen werden. Kalendereinladungen, die einen Termin bestätigen oder ankündigen, sollten daher einen formellen Ton haben und die folgenden wichtigen Punkte enthalten:

- **Nennen Sie in allen schriftlichen Kommunikationen beteiligte Unternehmen und Personen ausdrücklich.** Dadurch wird Klarheit und Transparenz gewährleistet.
- **Stellen Sie eine Agenda mit den zu besprechenden Themen auf.** Dadurch kann sich Ihre Ansprechpartnerin oder Ihr Ansprechpartner optimal vorbereiten und wichtige Notizen anfertigen.
- **Laden Sie alle für den Termin relevanten Personen ein.** Klären Sie im Vorfeld mit Ihrer Ansprechpartnerin oder Ihrem Ansprechpartner ab, wer anwesend sein soll und ob Sie diese Personen einladen dürfen.
- **Entlasten Sie Ihre erste Kontaktperson von der Organisation des Termins.** So vermeiden Sie Rückfragen, die zu unnötigen Verzögerungen führen könnten.

Eine formelle Einladung unterstreicht die Bedeutung des Termins und signalisiert den beteiligten Personen, dass es sich um ein professionelles Treffen handelt.

Eine High-Performerin oder ein High-Performer wird alle Anstrengungen unternehmen, um den Termin zügig zu organisieren und alle relevanten Personen einzubeziehen. Die Einladung wird professionell und offiziell gestaltet, wobei alle Personen namentlich genannt werden, um eine Verbindlichkeit zu schaffen. Dies erschwert es, den Termin abzusagen, da niemand unzuverlässig erscheinen möchte. Obwohl dieses Vorgehen nicht immer erfolgreich ist, ist die High-Performerin oder der High-Performer sich dieses Umstands bewusst und zielt darauf ab, so wenig Absagen wie möglich zu erhalten. Eine sorgfältige Planung und klare Kommunikation sind hierbei von entscheidender Bedeutung.

Dokumentieren Sie sorgfältig alle besprochenen Punkte und legen Sie die nächsten Schritte fest. Dies vermittelt Ihrer potenziellen Kundin oder Ihrem potenziellen Kunden, dass Sie strukturiert und verlässlich vorgehen. Eine prompte Nachverfolgung der besprochenen Aspekte fördert die Verbindlichkeit und steigert die Chancen auf einen erfolgreichen Geschäftsabschluss. Zudem können Sie so gegebenenfalls weitere Anliegen oder Fragen Ihrer Gesprächspartnerin oder Ihres Gesprächspartners direkt aufgreifen und bei Bedarf klären.

Sie besitzen nun alle grundlegenden Informationen und können damit beginnen, weitere Details zu ergründen. Machen Sie sich mit den Kernbereichen des Geschäfts Ihrer potenziellen Kundin oder Ihres potenziellen Kunden vertraut und identifizieren Sie die zentralen Herausforderungen und Möglichkeiten. Diese Erkenntnisse werden Ihnen in späteren Phasen helfen, auf einer gemeinsamen Basis und transparent zu kommunizieren. Sollten die Umsätze am Ende des Verkaufsprozesses nicht den Erwartungen entsprechen, wissen Sie, wo Anpassungen vorzunehmen sind. Wenn Sie die Gründe verstehen, aus denen Ihr Angebot für die potenzielle Kundin oder den potenziellen Kunden attraktiv sein sollte, und Sie es klar und überzeugend präsentieren, wird der Erfolg nicht lange auf sich warten lassen.

Mit der Zeit werden Sie diese Verfahren perfektionieren und sie zu einer Routine machen. Probieren Sie es einfach aus, es ist einfacher, als Sie vielleicht denken! Mit jeder erfolgreichen Terminplanung und -durchführung werden Sie zuversichtlicher und effizienter. Nutzen Sie diese Erfahrungen, um fortlaufend zu lernen und sich weiterzuentwickeln. Ihre Professionalität und Ihr Engagement werden sich für Sie auszahlen und Sie beim Erreichen Ihrer Ziele unterstützen.

Weiterführende Fragen/Checkliste

- Warum ist es wichtig, vor der Angebotsabgabe herauszufinden, warum die Lösung für den Kunden oder die Kundin von Bedeutung sein könnte?
- Welche Unterschiede gibt es zwischen dem B2B- und dem B2C-Verkauf, und warum sind sie relevant für Verkäufer und Verkäuferinnen?
- Wie sollte ein Verkäufer oder eine Verkäuferin auf ein Nein eines potenziellen Kunden oder einer potenziellen Kundin reagieren, um daraus wertvolle Informationen zu gewinnen?
- Welche Rolle spielt ein Morgenritual für einen High-Performer oder eine High-Performerin im Verkauf?
- Wie kann ein Verkäufer oder eine Verkäuferin den ersten Kontakt mit einem potenziellen Kunden oder einer potenziellen Kundin am besten gestalten, um Interesse zu wecken?
- Warum ist eine gründliche Recherche über die Zielgruppe entscheidend für den Verkaufserfolg?
- Welche Strategie sollte ein Verkäufer oder eine Verkäuferin anwenden, wenn er oder sie von einem potenziellen Kunden oder einer potenziellen Kundin auf Widerstand stößt?
- Wie kann ein Verkäufer oder eine Verkäuferin herausfinden, wer die richtige Ansprechperson in einem Unternehmen ist?

- Welche Bedeutung hat die Vorbereitung und Durchführung von Präsentationsterminen im Verkaufsprozess?
- Wie kann ein Verkäufer oder eine Verkäuferin ein konstruktives Feedback aus einer Ablehnung gewinnen und seine oder ihre Verkaufsstrategie anpassen?

3

Die Präsentation

Dieses Kapitel widmet sich der zweiten Phase des Interaktionsteils des Temperament-Sales-Modells und bietet wertvolle Erkenntnisse darüber, wie Sie Ihre Botschaften klar und überzeugend präsentieren, das Interesse Ihres Publikums wecken und potenzielle Einwände geschickt entkräften können. Lernen Sie, wie Sie Ihre Kommunikation anpassen können, um die Aufmerksamkeit Ihrer Zuhörerinnen und Zuhörer zu fesseln und ihre Begeisterung für Ihre Lösungen zu wecken. Erfahren Sie außerdem, wie Sie eine strukturierte Bedarfsanalyse anwenden, Ihren Umsatz bei der Angebotslegung maximieren und den Vertragsabschluss zeitlich festlegen können, indem Sie einfache, aber effiziente Methoden nutzen. Dazu gehören unter anderem die richtige Art der Präsentation Ihrer Leistungen, die Überwindung von Einwänden und die Kunst, einen gemeinsamen Nenner zu finden. Entdecken Sie, wie Sie das Vertrauen Ihrer Kundinnen und Kunden gewinnen und langfristige Beziehungen aufbauen, indem Sie auf ihre Bedürfnisse eingehen und sie bei jedem Schritt des Verkaufsprozesses fachlich begleiten (Abb. 3.1).

© Der/die Autor(en), exklusiv lizenziert an Springer Fachmedien Wiesbaden GmbH, ein Teil von Springer Nature 2025
O. Arzuman, *Erfolg im Neukundengeschäft mit dem Temperament-Sales-Modell*,
https://doi.org/10.1007/978-3-658-46624-4_3

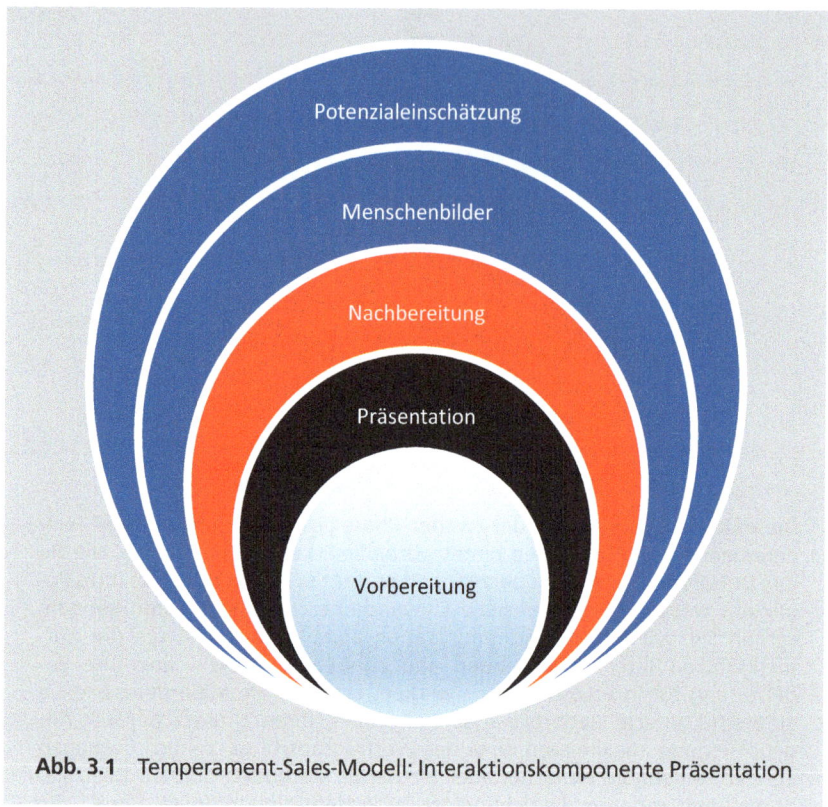

Abb. 3.1 Temperament-Sales-Modell: Interaktionskomponente Präsentation

Ein Schlüsselthema dieses Kapitels ist die Anwendung einer strukturierten Bedarfsanalyse. Es wird aufgezeigt, wie Sie durch zielgerichtete Fragetechniken die Bedürfnisse Ihrer Kundinnen und Kunden identifizieren können, um maßgeschneiderte Angebote zu erstellen. Diese Bedarfsanalyse hilft Ihnen nicht nur, Ihre Kundinnen und Kunden besser zu verstehen, sondern auch, Ihre Angebote so zu gestalten, dass sie perfekt auf die Bedürfnisse und Wünsche Ihrer Zielgruppe zugeschnitten sind. Dadurch können Sie bei der Angebotslegung Ihren Umsatz maximieren und die Wahrscheinlichkeit eines erfolgreichen Vertragsabschlusses deutlich erhöhen.

Ein weiterer wichtiger Aspekt ist die Bestimmung des Zeitpunkts für den Vertragsabschluss. Sie erfahren einfache, aber effektive Methoden, um den Verkaufsprozess zu steuern und zum gewünschten Abschluss zu gelangen. Dazu gehört auch die optimale Präsentation Ihrer Leistungen. Es wird erklärt, wie Sie Ihre Lösungen so präsentieren können, dass sie für Ihre Kundinnen und Kunden attraktiv und unverzichtbar erscheinen.

Ein besonderer Fokus liegt auf der Kunst, potenzielle Einwände zu überwinden und gemeinsame Nenner zu finden. Sie erfahren, wie Sie Einwände nicht nur als Hindernisse, sondern als Chancen zur Stärkung Ihrer Argumentation und zum Aufbau von Vertrauen bei Ihren Kundinnen und Kunden betrachten können. Durch geschicktes und empathisches Aufgreifen der Bedenken Ihrer Kundinnen und Kunden können Sie deren Vertrauen festigen und langfristige Beziehungen aufbauen.

3.1   Grundlagen der Präsentation

Ihre Präsentation kann als Videokonferenz oder als persönliches Treffen durchgeführt werden, je nachdem, welches Format für Sie und Ihre Zielgruppe am besten geeignet ist. Unabhängig vom gewählten Format ist es entscheidend, dass Ihre Unterlagen informativ und aussagekräftig sind. Diese sollten die wichtigsten Aspekte Ihres Angebots umfassen und die aktuelle Situation des Unternehmens ohne Ihre Lösung darstellen. Darauf aufbauend sollten Sie verdeutlichen, wie die Implementierung Ihrer Lösung zu einer Verbesserung der Unternehmenssituation beiträgt.

Richten Sie den Fokus Ihrer Präsentation auf die Vorteile Ihrer Lösung, wobei insbesondere Kosteneinsparungen und Gewinnsteigerungen hervorgehoben werden sollten. Um Ihre Argumente zu untermauern, nutzen Sie konkrete Beispiele und Zahlen, die die Effektivität Ihrer Lösung unter Beweis stellen. Um das Interesse Ihres Publikums zu wecken und zu halten, integrieren Sie regelmäßig Zwischenfragen in Ihre Präsentation und gehen auf Anfragen aktiv ein. Dies fördert die Beteiligung der potenziellen Kundinnen und Kunden und trägt dazu bei, ihr Interesse zu wecken und aufrechtzuerhalten.

Strukturieren Sie Ihre Präsentation auf der Basis früherer Einwände und wandeln Sie diese in Kaufargumente um. Diese systematische Vorgehensweise ermöglicht es Ihnen, die Bedürfnisse und Einwände Ihres Publikums zu adressieren und eine überzeugende Präsentation zu halten. Formulieren Sie die neuen Kaufargumente klar und nachvollziehbar, um weitere mögliche Einwände zu vermeiden, die auf bereits umformulierten Argumenten basieren könnten. Durch die Dokumentation und Umformung früherer Einwände in Kaufargumente werden diese im Entscheidungsprozess irrelevant und tragen nicht länger zur Ablehnung Ihres Angebots bei.

Diese Strategie ermöglicht es Ihnen, die Struktur Ihrer Präsentation auf der Grundlage wichtiger Themen aufzubauen, die ursprünglich gegen Ihre Lösung sprachen. Die Transformation der Einwände in Kaufargumente führt so zu einer positiven Entscheidungsfindung und unterstützt die Entscheidung für einen Kauf. Schließen Sie Ihre Präsentation mit einer kurzen, prägnanten Zusammenfassung aller Vorteile Ihres Angebots ab, um die wesentlichen Punkte im Gedächtnis Ihres Publikums zu verankern und einen nachhaltigen Eindruck zu hinterlassen.

Eine sorgfältige Vorbereitung und eine klar strukturierte Präsentation sind entscheidende Faktoren für einen erfolgreichen Vertragsabschluss. Durch offene Kommunikation und einen transparenten Ansatz gewinnen Sie das Vertrauen und die Zufriedenheit Ihrer potenziellen Kundinnen und Kunden und legen damit den Grundstein für eine fruchtbare Zusammenarbeit.

3.2   Die Bedarfsanalyse

Nachdem Sie die Modalitäten und Schwerpunkte Ihrer Präsentation bestimmt haben, richten wir unsere Aufmerksamkeit auf die Durchführung einer Bedarfsanalyse. Die Bedarfsanalyse wird so konzipiert, dass sie den bisherigen Verzicht auf die Nutzung Ihrer Lösung erklärt und die aktuellen Kosten für vergleichbare Substitute evaluiert. Diese beiden Aspekte – das Verständnis des bisherigen Verzichts auf die Lösung und die Evaluierung der Kosten für Substitute – bilden die Basis der Bedarfsanalyse und sollten zu Beginn des Präsentationstermins geklärt werden. Dies ermöglicht es Ihnen, die gewonnenen Erkenntnisse sofort in Ihre Präsentation zu integrieren und somit eine stärkere Wirkung zu erzielen.

Ein weit verbreiteter Fehler von Verkäuferinnen und Verkäufern besteht darin, anzunehmen, dass eine Vielzahl an Fragen unbedingt gestellt werden sollte. Dies ist jedoch nicht der Fall! Zwar sind Fragen wichtig, jedoch nur dann, wenn die Antworten nicht bereits durch gründliche Recherche ersichtlich sind. Stellen Sie sich vor, eine Verkäuferin oder ein Verkäufer würde versuchen, Sie von den Vorteilen ihrer Lösung zu überzeugen. Wenn diese Person die ersten zehn Minuten ausschließlich Fragen stellen würde, würden Sie sich wahrscheinlich langweilen und Ihr Interesse könnte nachlassen. Dies würde die Verkäuferin oder den Verkäufer in eine heikle Situation manövrieren. Außerdem könnte eine solche Vorgehensweise negative Auswirkungen auf ihren Umsatz haben, wenn sie eine potenzielle Kundin oder einen potenziellen Kunden direkt danach fragen würde, in welchem Ausmaß die Lösung benötigt wird.

Es wäre ebenfalls nicht förderlich, wenn sie die Kundin oder den Kunden direkt nach den Unternehmensplänen in Bezug auf ein Thema befragen würden. High Performance impliziert, eine Expertin oder ein Experte in einem Bereich zu sein. Als Expertin oder Experte haben Sie alle wichtigen Informationen vor dem Termin recherchiert, daraus Schlüsse gezogen und Ihre Empfehlungen vorbereitet – alles im Kontext des Unternehmens und der aktuellen Marktsituation der potenziellen Kundin oder des potenziellen Kunden. Eine professionelle Bedarfsanalyse wird nicht durch eine Vielzahl von Fragen, sondern durch wenige, präzise Fragen erzielt. Die Kunst besteht darin, die Fragen so zu formulieren, dass sie Ihnen die benötigten Informationen liefern, ohne dass die Kundin oder der Kunde sich wie in einer Befragungssituation fühlt.

Betrachten wir nun im Detail die verschiedenen Aspekte der Bedarfsanalyse, die zu Beginn einer Präsentation durchgeführt werden sollte:

Beispiel

- Beginnen Sie die Bedarfsanalyse mit einer freundlichen Begrüßung und danken Sie der potenziellen Kundin oder dem potenziellen Kunden für die Teilnahme an der Präsentation. Stellen Sie sicher, dass alles für den Start bereit ist, indem Sie fragen: „Vielen Dank für Ihre Zeit! Sind Sie bereit? Können wir beginnen?" Bei einer positiven Antwort starten Sie. Sollte die Antwort negativ ausfallen, versuchen Sie, das Nein zu neutralisieren, indem Sie einen alternativen Zeitpunkt vereinbaren. Wenn ein neuer Termin feststeht, wiederholen Sie das Vorgehen, bis Sie eine Zustimmung erhalten.

Führen Sie die von Ihnen als relevant angesehenen Schritte durch und lassen Sie der Kundin oder dem Kunden Raum, eigene Aspekte einzubringen. Dies fördert Vertrauen und zeigt, dass Sie die Ansicht der Kundin oder des Kunden respektieren und wertschätzen.

- Als ersten Schritt erläutern Sie den Grund für die Kontaktaufnahme, um den Kontext des Termins zu verdeutlichen. Danach präsentieren Sie die vorab gesammelten Statistiken und Daten zum Unternehmen. Erfragen Sie die Gründe für die bisherige Abwesenheit einer proaktiven Kontaktaufnahme und warten Sie auf die Antwort. Diese Information wird Ihnen als Grundlage für die weitere Bedarfsanalyse dienen. Unabhängig von der Antwort gehen Sie weiter wie folgt vor: „Unsere Analysen deuten darauf hin, dass Ihre aktuelle Lösung mit Kosten in Höhe von X, Qualitätseinbußen in Höhe von X oder Folgekosten in Höhe von X verbunden ist. Können Sie diese Befunde bestätigen?"

  Warten Sie auf die Bestätigung der Kundin oder des Kunden. Im Falle einer Ablehnung bitten Sie um die richtigen Daten, da als externe Person nicht alle Informationen vorliegen können. Zeigen Sie Verständnis und bieten Sie an, gemeinsam die Unstimmigkeiten zu klären.

  Nachdem Sie die aktuellen Kosten und Qualitätsanforderungen ermittelt haben, können Sie zum nächsten Punkt übergehen. Teilen Sie der Kundin oder dem Kunden mit, dass Ihr Unternehmen in der Lage ist, eine kostengünstigere Lösung oder eine hochwertigere Lösung anzubieten. Stützen Sie Ihre Argumente durch konkrete Beispiele und Vergleichswerte.

- Erfragen Sie noch einmal, warum die Kontaktperson nicht aktiv auf Sie zugekommen ist. Führen Sie anschließend unabhängig von der Antwort fort. Damit haben Sie die Bedarfsanalyse abgeschlossen. Sie verfügen nun über Informationen zu den aktuellen Kosten, bestehenden Qualitätsproblemen und der Restlaufzeit der Verträge Ihrer potenziellen Kundin oder Ihres potenziellen Kunden. Sie haben alle benötigten Informationen mit nur wenigen Fragen und Annahmen gesammelt! Nun können Sie Ihre Präsentation starten.

Anstatt die Kundin oder den Kunden zu befragen, wie sie oder er denkt, wie sich der Markt entwickeln wird, sollten Sie selbstbewusst eine Prognose zur zukünftigen Entwicklung vorlegen. Dies zeigt Ihre Expertise und Positionierung als Vordenkerin oder Vordenker in Ihrem Bereich. Statt lediglich Informationen über die Kosten Ihrer Lösung wiederzugeben, erläutern Sie, wie viel sie oder er gegenüber den aktuellen Ausgaben einsparen kann. Dieser Ansatz vermittelt, dass Sie die Bedürfnisse und Herausforderungen der Kundin oder des Kunden erkannt haben und eine zukunftsorientierte Lösung bereithalten.

> Statt den Kunden oder die Kundin zu fragen, wie sie glauben, dass sich der Markt entwickeln wird, erstellen Sie eine Prognose über ihre zukünftige Entwicklung.

Sollten Sie der Meinung sein, dass all dies im Verkaufsprozess keine entscheidende Rolle spielt, muss ich Ihnen widersprechen. Denn wenn Sie sich lediglich auf die Ansicht der Kundin oder des Kunden verlassen, wird Ihr Umsatz nur marginale Wachstumsraten vorweisen. Wenn Sie hingegen glaubhaft darlegen können, welchen zukünftigen Bedarf die potenzielle Kundin oder der potenzielle Kunde haben wird, sind Ihre Umsatzaussichten nahezu unbegrenzt. In diesem Fall hängt Ihr Erfolg allein von der Sorgfalt und Professionalität Ihrer Vorbereitung und Präsentation ab. Eine gründliche Vorbereitung und eine überzeugende Präsentation sind entscheidende Faktoren für den Erfolg im Verkaufsprozess.

3.3 Der Präsentationstermin

Ein herausragender Verkäufer oder eine herausragende Verkäuferin wird alles in ihrer oder seiner Macht Stehende tun, um auf den Kunden oder die Kundin bestmöglich zu reagieren. Dafür werden sie sich im Vorfeld grundlegende Notizen machen und alle relevanten Informationen, wie zum Beispiel Unternehmensgeschichte, Mitarbeiterzahl, Branche und Produkte, sammeln. Dies mag zwar keinen direkten Einfluss auf den Verkaufsprozess haben, trägt jedoch wesentlich zur Glaubwürdigkeit des Verkäufers oder der Verkäuferin bei. Glaubwürdigkeit ist von entscheidender Bedeutung für den Verkaufserfolg. Letztlich entscheidet die potenzielle Kundin oder der potenzielle Kunde, ob sie sich einem authentischen, kompetenten und gut informierten Gegenüber gegenübersehen oder ob der Verkäufer oder die Verkäuferin nur an einem Verkauf interessiert ist.

Nachdem die Bedürfnisse des Kunden erfasst und die Informationen aufbereitet wurden, startet die Präsentation. Es ist wichtig, alle Anwesenden namentlich zu begrüßen, sie willkommen zu heißen und ihnen für ihre Zeit zu danken. Zudem sollte hervorgehoben werden, dass aufgrund der begrenzten Zeit nur die wesentlichsten Themen angesprochen werden können. Dies signalisiert, dass Sie den Wert der Teilnehmerzeit anerkennen und die Besprechung effizient und respektvoll gestalten möchten. Eine klare Tagesordnung ist von zentraler Bedeutung, da sie den Ablauf des Gesprächs bestimmt. Hier können die Teilnehmer ihre Wünsche und Anmerkungen äußern. Wenn alle mit der Agenda einverstanden sind, gilt sie als verbindlich – spätere Änderungen sind nicht mehr möglich. Sollten Einwände erhoben werden, können Sie darauf hinweisen, dass zu Beginn Gelegenheit für Änderungen bestand.

Als Verkäuferin tragen Sie die Verantwortung für das Gespräch und sollten eine führende Rolle einnehmen. Zwar können auch andere Personen eine dominante Position einnehmen, jedoch müssen Sie als Verkäuferin aufgrund Ihres Wissens über die Bedürfnisse des potenziellen Kunden sowie durch Ihre Authentizität und Kompetenz in respektvoller Weise die relevanten Personen leiten. Sollte der Kunde oder die Kundin die Kontrolle über das Gespräch übernehmen, kann dies zu einer nachteiligen Situation für Sie führen.

Durch die Präsentation der identifizierten Bedürfnisse wecken Sie das Interesse der Beteiligten. Teilen Sie die Ergebnisse Ihrer Recherche, wie in Abschn. 2.9 beschrieben, hierbei offen und direkt mit. Nachfolgend erfragen Sie, warum diese Bedürfnisse bisher nicht adressiert wurden, wie in Abschn. 3.2 beschrieben. Diese direkte Ansprache signalisiert dem potenziellen Kunden oder der potenziellen Kundin, dass Sie ihre Probleme ernst nehmen und eine Lösung anbieten möchten. Dieser Punkt ist für die gesamte Präsentation von zentraler Bedeutung, da der mögliche Kunde oder die mögliche Kundin hier überlegt, warum das Produkt bisher nicht erworben wurde. Dies liefert Ihnen ein wertvolles Argument für Ihren Verkauf. Durch diese Informationen gewinnen Sie nicht nur einen Vorteil für das aktuelle Gespräch, sondern auch für künftige Verhandlungen mit diesem und anderen potenziellen Kunden.

Im nächsten Schritt präsentieren Sie Ihre Lösung auf der Grundlage der umgewandelten Ablehnungsgründe, wie in Abschn. 3.1 beschrieben.

Stellen Sie sicher, dass Ihr Ansatz mit soliden Informationen untermauert ist und dass Sie stets eine Verbindung zu den Bedürfnissen des potenziellen Kunden oder der potenziellen Kundin herstellen. Ein herausragender Verkäufer oder eine herausragende Verkäuferin ist sich bewusst, dass der mögliche Kunde oder die mögliche Kundin nur dann zu einem Kauf bereit ist, wenn eine individuelle Lösung geboten wird. Dieser Eindruck entsteht, wenn alle Aspekte der Lösung direkt mit den spezifischen Anforderungen des Unternehmens verknüpft werden.

Während der Präsentation sind Sie die Person, die das Wort führt, während der potenzielle Kunde oder die potenzielle Kundin zuhört. Natürlich kann der potenzielle Kunde oder die potenzielle Kundin ihre Wünsche und Bedenken äußern und versuchen, das Gespräch zu beeinflussen. Dies ist wünschenswert und gut. Integrieren Sie die angesprochenen Punkte in die Präsentation und behalten Sie gleichzeitig die Kontrolle über das Gespräch. Auch wenn Sie die führende Rolle einnehmen, sollte das Gespräch stets respektvoll geführt werden.

Während der Präsentation sind Kreativität, Einfühlungsvermögen, Ausdauer, Richtungsgebung und Wissen von entscheidender Bedeutung. Nutzen Sie Ihr Fachwissen und Ihre Erfahrungen, um die Präsentation speziell auf den möglichen Kunden oder die mögliche Kundin zuzuschneiden. Eine klare und präzise Präsentation zeugt davon, dass Sie die Zeit und die Bedürfnisse des potenziellen Kunden oder der potenziellen Kundin respektieren und wertschätzen. Ein herausragender Verkäufer oder eine herausragende Verkäuferin macht am Anfang ihrer Karriere nicht den Fehler, sofort die bedeutendsten möglichen Kunden anzusprechen. Stattdessen wählen sie zunächst mögliche Kunden mit geringerem Potenzial für einen Vertragsabschluss, um Erfahrung zu sammeln und Risiken zu minimieren. Dies ermöglicht Ihnen, Ihre Strategien zu optimieren und ein tieferes Verständnis für die Herausforderungen Ihrer Zielgruppen zu entwickeln. Erst wenn sie Selbstvertrauen gewonnen haben, kontaktieren sie die „großen Fische". Bei diesen Kunden ist das Budget oftmals flexibler, was den Verkaufsprozess vereinfacht.

Bei Kunden mit hohem Potenzial sind Präsentationen umfangreicher und es sind mehr Personen involviert. Der Ansatz bleibt jedoch gleich, da die Herausforderungen bei kleinen und großen Kunden vergleichbar sind. Die Hauptunterschiede liegen in Zeit- und Budgetfragen. Bei „großen Fischen" sind längere Prozesse zu beachten, während bei „kleinen Fischen" der Weg zur Bestellung direkter ist. In Bezug auf das Budget hat der „große Fisch" häufig feste Vorgaben, während der „kleine Fisch" von einem flexiblen Einkauf profitiert. Zeit und Budget sind zwar wichtige Faktoren, sollten aber kein Hindernis für einen sofortigen Kauf darstellen – auch wenn das Budget aufgebraucht ist oder die Umsetzung zeitliche Planung benötigt. Ein herausragender Verkäufer oder eine herausragende Verkäuferin macht ihren Verkaufsprozess nicht vom Kaufprozess des potenziellen Kunden abhängig. Stattdessen nutzen sie ihre Wettbewerbsvorteile, um den Verkauf zu realisieren. Eine tiefgehende Kenntnis der Konkurrenzprodukte ermöglicht es, die eigenen Stärken hervorzuheben und sich erfolgreich zu positionieren.

Ein herausragender Verkäufer oder eine herausragende Verkäuferin zögert nicht, einem Mitbewerber das Budget zu entziehen, selbst wenn diese angeblich schneller oder besser zu sein scheinen. Der optimale Zeitpunkt, um dieses Thema beim potenziellen Kunden anzusprechen, ist am Anfang der Präsentation, wie in Abschn. 3.2 beschrieben, nachdem Sie die Frage gestellt haben, warum das Problem bisher nicht gelöst wurde. Bitten Sie den Kunden oder die Kundin, zu erörtern, welche Maßnahmen derzeit ergriffen werden und warum das Problem weiterhin besteht. Dies ist der Schlüssel zur Budgetfrage, da Sie hier die Kaufkapazität des Kunden oder der Kundin ermitteln können.

Wenn der Kunde oder die Kundin Ihr Angebot als kostspielig empfindet, können Sie darauf hinweisen, dass Ihre Lösung nicht teurer ist als der derzeitige Schmerzpunkt, für den Sie eine Lösung bieten. Sie können antworten: „Nein, es ist nicht teuer. Das, was Sie momentan tun, ist kostspielig und ineffizient." Mit diesem Wissen sind Sie in der Lage, eine bessere und kostengünstigere Lösung anzubieten. Ein herausragender Verkäufer oder eine herausragende Verkäuferin vermittelt dieses Argument von Beginn an und notiert alle relevanten Details. Angebote, die sowohl Kosten senken als auch die Qualität steigern, sorgen für die ungeteilte Aufmerksamkeit des Kunden oder der Kundin. Wenn der Kunde oder die Kundin zustimmt, steht einem schnellen und effizienten Kauf nichts mehr im Weg. Kosten und Kaufzeitpunkt spielen in diesem Szenario keine Rolle mehr, da die Nichtanerkennung des Kaufs höhere Kosten zur Folge hätte.

Bei Preisverhandlungen geht es nicht um den Preis selbst, sondern um Ihren Wert. Wenn der potenzielle Kunde oder die potenzielle Kundin versucht, den Preis zu drücken, ist dies ein klares Indiz für Kaufbereitschaft. Es zeigt, dass Ihr Angebot für den möglichen Kunden oder die mögliche Kundin einen großen Wert darstellt. Menschen neigen dazu, Preise immer als subjektiv zu hoch anzusehen – außer Sie sprechen nicht von Kosten, sondern von Einsparungen und Qualitätsverbesserungen. In diesem Fall heben Sie die finanziellen Vorteile des potenziellen Kunden oder der potenziellen Kundin hervor und vermeiden es, weiterhin von Preisen oder Kosten zu sprechen. Stattdessen konzentrieren Sie sich auf die Höhe der Gewinnsteigerung.

Zusammengefasst kann ein herausragender Verkäufer oder eine herausragende Verkäuferin durch gründliche Vorbereitung, tiefes Verständnis der Kundenbedürfnisse und eine klare, strukturierte Präsentation einen erfolgreichen Verkaufsprozess realisieren. Indem sie die Schmerzpunkte des potenziellen Kunden stets im Blick behält und individuell abgestimmte Lösungen anbietet, schafft sie eine Atmosphäre von Vertrauen und Glaubwürdigkeit. Durch geschickte Preisverhandlungen und die Betonung des Mehrwerts ihrer Lösung fördert sie die Entwicklung von langfristigen Kundenbeziehungen. Ein herausragender Verkäufer oder eine herausragende Verkäuferin passt ihre Strategien an verschiedene Kundensituationen an, setzt kontinuierlich ihre persönliche Entwicklung fort und besteht die Herausforderungen des Marktes erfolgreich.

3.4   Die Preisverhandlung

Ein herausragender Verkäufer oder eine herausragende Verkäuferin schätzt die Preisverhandlung, da sie nicht nur den Preis, sondern auch andere wichtige Aspekte berücksichtigt. Deshalb können Sie die Kosten Ihrer Lösung direkt und offen gegenüber Ihrem potenziellen Neukunden kommunizieren. Bei der direkten Kommunikation der Kosten Ihrer Lösung ist es entscheidend, dass der Kunde oder die Kundin erkennt, dass durch Ihr Angebot keine Mehrkosten entstehen, sondern vielmehr ein Einsparpotenzial besteht, das sich aus den bisherigen Kosten für Substitute und dem Investment in Ihre neue Lösung ergibt.

Im Rahmen der Preisverhandlung sollten Sie nicht mehr von Kosten für Ihre Lösung sprechen, sondern von den Kosteneinsparungen, die durch den Erwerb Ihrer Lösung realisiert werden können. Sollte der Kunde oder die Kundin Schwierigkeiten mit dem Begriff der Kosteneinsparungen haben, erläutern Sie diese anhand von Opportunitätskosten – den Kosten des entgangenen Gewinns, die entstehen, wenn der Kunde oder die Kundin Ihre Lösung nicht erwirbt. Mit dieser Argumentation verhandeln Sie nicht mehr über die Kosten Ihrer Lösung, sondern über die Kosten, die dem Kunden oder der Kundin entstehen, wenn er oder sie Ihre Lösung nicht erwirbt.

Diese Opportunitätskosten sollten in der Zusammenfassung Ihres Angebots erwähnt werden, da sie den entscheidenden Faktor darstellen, der die Kaufentscheidung des Kunden oder der Kundin sowie das Budget beeinflusst. Mehr dazu finden Sie in Abschn. 3.5.5.

> Eine Top-Verkäuferin oder ein Top-Verkäufer konzentriert sich bei Verhandlungen nicht auf den Preis, sondern verdeutlicht das Potenzial, von dem der Kunde oder die Kundin profitieren kann.

Bei der Preisverhandlung geht es im Kern darum, das Einsparpotenzial und die Qualitätsverbesserungen aufzuzeigen, die mit der Implementierung Ihrer Lösung verbunden sind. Es ist wichtig, dem Kunden oder der Kundin verständlich zu machen, dass der Wert Ihres Produkts nicht allein vom angegebenen Preis abhängt. Nutzen Sie Beispiele und Fallstudien, um zu demonstrieren, wie andere Kunden oder Kundinnen von Ihrer Lösung profitiert haben und wie sie durch die Implementierung Einsparungen, Effizienzsteigerungen und Qualitätsverbesserungen erreichen konnten. Betonen Sie, dass der dem potenziellen Neukunden oder der potenziellen Neukundin vorgeschlagene Preis das beste Kosten-Nutzen-Verhältnis für ihn oder sie darstellt.

Wenn der mögliche Kunde oder die mögliche Kundin versucht, den Preis zu verhandeln, können Sie entgegnen: „Ich wäre bereit, Ihnen einen Rabatt zu gewähren, wenn dies Ihre Entscheidung positiv beeinflusst." Auf diese Weise nehmen Sie dem potenziellen Kunden oder der potenziellen Kundin den Wind aus den Segeln. Nennen Sie den möglichen Rabattbetrag und machen Sie deutlich, dass Sie diesen nur anbieten können, wenn die Absicht zum Kauf konkret ist. Dies fördert das Vertrauen des potenziellen Kunden oder der potenziellen Kundin und erhöht die Wahrscheinlichkeit, dass er oder sie den Rabatt akzeptiert. Sollte der mögliche Kunde oder die mögliche Kundin weiterhin versuchen, den Preis zu verhandeln, klären Sie ihn oder sie darüber auf, dass Sie nicht zu den Unternehmen gehören, die zuerst Fantasiepreise nennen und dann hohe Rabatte gewähren. Zeigen Sie stattdessen Selbstbewusstsein in Bezug auf den Wert Ihres Angebots. Nur wenn Sie selbst den Wert Ihres Angebots kennen und verstehen, können Sie ihn glaubhaft und überzeugend dem potenziellen Kunden oder der potenziellen Kundin vermitteln.

Eine andere Strategie in der Preisverhandlung besteht darin, eine detaillierte Kostenanalyse vorzunehmen, die alle wesentlichen Aspekte von direkten Kosten bis hin zu indirekten Kosten, wie den Zeitaufwand für das derzeitige Substitut, einbezieht. Diese Analyse kann oft aufzeigen, dass Ihre Lösung nicht nur kostengünstiger, sondern auch effizienter und qualitativ hochwertiger ist.

Im Idealfall wird der Kunde oder die Kundin nach der Preisverhandlung ein Angebot anfordern. Dies ist Ihre Chance, offene Fragen zu klären und die Grundlage für eine langfristige Geschäftsbeziehung zu legen. Beim Erstellen des Angebots sollten Sie keinesfalls einen Standardprozess anwenden, da dieser Moment im gesamten Verkaufsprozess von besonderer Bedeutung ist, wie in Abschn. 3.5 beschrieben. Hier entscheidet sich, ob Sie den Umsatz erzielen werden, den Sie als den größtmöglichen gegenseitigen Mehrwert betrachten. Sobald das Angebot übergeben wurde, ist es schwierig, den Verlauf zu ändern.

Aus diesem Grund ist es essenziell, dass das Angebot klar und verständlich formuliert ist und alle diskutierten Punkte abdeckt. Stellen Sie sicher, dass der Kunde oder die Kundin die Vorteile Ihrer Lösung gründlich versteht und wie diese zu Einsparungen oder Verbesserungen führen. Nutzen Sie Grafiken und Tabellen, um wichtige Punkte zu visualisieren und die Entscheidung des Kunden oder der Kundin zu erleichtern und zu unterstützen.

Eine erfolgreiche Preisverhandlung mündet in der Übergabe eines gut durchdachten Angebots und bildet die Basis für eine langfristige Geschäftsbeziehung. Diese Beziehung beruht nicht nur auf einem einmaligen Verkauf, sondern auf einer kontinuierlichen Zusammenarbeit und gegenseitigem Nutzen.

3.5   Die Angebotslegung

Im Zuge der Angebotserstellung erhalten Sie wichtige Informationen über Ihre potenzielle Kundin oder Ihren potenziellen Kunden.

Der Prozess der Angebotserstellung und -legung geht weit über eine reine verbindliche Preiskommunikation hinaus – er bietet Ihnen die Möglichkeit, Ihr Verständnis des Kundenbedarfs zu vertiefen und wertvolle Informationen zu sammeln. Nutzen Sie diese Chance, um nicht nur ein konkretes Angebot zu präsentieren, sondern auch Ihr Wissen über die Bedürfnisse und Wünsche Ihrer Kundin oder Ihres Kunden zu erweitern und so eine langfristige und erfolgreiche Geschäftsbeziehung aufzubauen. Durch zielgerichtete Fragestellungen können Sie wertvolle Einblicke in folgende Bereiche gewinnen:

- Priorität der Auftragsvergabe für den potenziellen Kunden oder die potenzielle Kundin.
- Eigentliche Firmierung, die für den Einkauf zuständig ist.
- Ansprechperson, die die Budgetentscheidungen trifft.
- Zeitpunkt der Auftragsvergabe.
- Bundle-Lösungen, die für die potenzielle Kundin oder den potenziellen Kunden von entscheidender Bedeutung sind.

Arbeiten Sie in diesem Schritt sorgfältig und präzise, um das Potenzial der potenziellen Kundin oder des potenziellen Kunden zu erkennen und zu bewerten. Diese gründliche Einschätzung bildet die Grundlage für angemessene Maßnahmen in der weiteren Zusammenarbeit. Entwickeln Sie dabei einen Plan, wie Sie in den kommenden Tagen, Wochen oder Monaten effizient mit ihr oder ihm zusammenarbeiten können, um eine langfristig erfolgreiche Partnerschaft aufzubauen und Ihren Verkaufserfolg zu maximieren.

Die bedeutendsten Informationen, die Sie im Rahmen der Angebotserstellung erhalten können, umfassen:

- Den Zeitpunkt der Angebotsfrist, der ausdrücklich im Angebot angegeben werden sollte.
- Ob lediglich ein Angebot angefordert wird, um Informationen zur Kostenstruktur zu erlangen, oder ob tatsächliches Interesse an einer kurzfristigen Auftragsvergabe besteht.

Die Information über den Zeitpunkt der Angebotsfrist ist von großer Relevanz, da nur die potenzielle Kundin oder der potenzielle Kunde das genaue Datum kennt, bis zu dem das Angebot unterzeichnet werden muss und eine Entscheidung getroffen werden soll. Dieser Aspekt hilft Ihnen bei der Planung der nächsten Schritte und ermöglicht eine effiziente, zukunftsorientierte Zusammenarbeit mit dem Kunden oder der Kundin. Näheres dazu erfahren Sie in Abschn. 3.5.1.

Eine erfolgreiche Verkäuferin oder ein erfolgreicher Verkäufer benötigt diese Information aus folgendem Grund: Sie möchte ermitteln, wie ernst die Kundin oder der Kunde das Angebot nimmt. Um diese Einschätzung vornehmen zu können, muss die potenzielle Kundin oder der potenzielle Kunde ihren oder seinen Einkaufsprozess überdenken und abschätzen, wann die entscheidende Person über das Budget verfügen wird. Auf dieser Basis können Sie eine realistische Einschätzung des Interesses an der Auftragsvergabe treffen und Ihre Ressourcen entsprechend planen.

Stellen Sie einfach die Frage nach der gewünschten Angebotsfrist, um Ihrem potenziellen Neukunden die Möglichkeit zu geben, den Zeitpunkt für die Auftragsvergabe selbst festzulegen. Diese Vorgehensweise fördert Transparenz und schafft Vertrauen bei der potenziellen Kundin oder beim potenziellen Kunden, da sie oder er selbst einen bedeutenden Aspekt des Prozesses bestimmen kann. Dadurch kommunizieren Sie deutlich, dass die Bedürfnisse und Vorlieben des Kunden oder der Kundin im Mittelpunkt Ihres Vorgehens stehen.

Ein weit verbreiteter Irrtum unter Verkäuferinnen und Verkäufern besteht darin, die Angebotserstellung und -legung als den abschließenden Schritt im Verkaufsprozess zu betrachten. Die Angebotserstellung bietet eine wertvolle Gelegenheit, alle für die weitere Kommunikation mit

Ihren potenziellen Kunden relevanten Informationen zu sammeln. Sie können die potenzielle Kundin oder den potenziellen Kunden besser kennenlernen, ihre oder seine Bedürfnisse eruieren und so die Chancen auf einen erfolgreichen Vertragsabschluss steigern. Durch diese erweiterte Sicht auf den Verkaufsprozess nutzen Sie die Angebotserstellung als eine Möglichkeit, das Verständnis Ihrer Kunden zu vertiefen und Ihre Angebote gezielter auf deren Bedürfnisse auszurichten.

Eine weitere entscheidende Information, die Sie im Rahmen der Angebotserstellung ermitteln sollten, betrifft die Priorität der Auftragsvergabe für den potenziellen Kunden oder die potenzielle Kundin. Klären Sie hierbei, ob die Anfrage ausschließlich zur Informationssammlung über die Kostenstruktur dient oder ob ein konkretes Interesse an einer Auftragsvergabe vorhanden ist. Diese Einschätzung hilft Ihnen, Ihre Ressourcen gezielt einzusetzen und den tatsächlichen Bedürfnissen des Kunden oder der Kundin gerecht zu werden. Diese Information werden Sie für die Ausführungen in Abschn. 3.5.6 benötigen.

Die Kombination aus psychologischer Einschätzung und zielgerichteter Kommunikation ermöglicht es Ihnen, den Verkaufsprozess zu optimieren und sowohl Ihre Effizienz als auch Ihre Effektivität im Verkauf zu steigern. Dieser systematische Ansatz hilft Ihnen, die Kundenbeziehung zu vertiefen und den Verkaufsprozess effizienter zu gestalten. Indem Sie die richtigen Fragen stellen und aufmerksam zuhören, gewinnen Sie wertvolle Einblicke und können so Ihr volles Verkaufserfolgspotenzial ausschöpfen und langfristige Kundenbeziehungen aufbauen.

Mithilfe der folgenden Fragen können Sie im Rahmen der Angebotserstellung Ihr Verständnis des Kundenbedarfs vertiefen:

> **Beispiele**
>
> • **Einholen der Präferenz der Ansprechperson:** Bitten Sie Ihre Ansprechperson, ihre oder seine Präferenz zu äußern: „Möchten Sie die Kosteninformationen lieber informell oder als formelles Angebot?" Ist die Antwort „informell" , deutet dies darauf hin, dass der Prozess länger dauern könnte. Wünscht die Kundin oder der Kunde hingegen ein „formelles Angebot", ist ein schneller Abschluss wahrscheinlicher.

- **Abstimmung auf die Erwartungen der Ansprechperson:** Falls Ihre Ansprechpartnerin oder Ihr Ansprechpartner weitere Gespräche erwartet und daher eine informelle Kosteninformation bevorzugt, stellen Sie weiterhin gezielt Fragen, um die Relevanz des Themas für die kurz- und mittelfristige Zukunft abzuschätzen: „Sind Sie der Ansicht, dass unser Angebot für Ihr Unternehmen in diesem Quartal, im nächsten Quartal oder erst im nächsten Jahr relevant wird?" Diese Antwort hilft Ihnen zu verstehen, ob Ihre Ansprechpartnerin oder Ihr Ansprechpartner vorsichtig vorgeht oder ob das Thema tatsächlich noch nicht sofort relevant ist.
- **Handhabung bei Relevanz im laufenden oder nächsten Quartal:** Bei einer erwarteten Relevanz in diesem oder nächsten Quartal weisen Sie auf die Vo rteile eines formellen Angebots hin, da es den Prozess erleichtern kann. Wenn Ihre Ansprechpartnerin oder Ihr Ansprechpartner weiterhin eine informelle Lösung bevorzugt, akzeptieren Sie dies. Ist das Thema für das nächste Jahr relevant, bleiben Sie bei der gewählten Vorgehensweise.
- **Vorbereitung auf Präferenz für ein formelles Angebot:** Falls Ihre Ansprechperson ein formelles Angebot bevorzugt, erkundigen Sie sich nach der Relevanz des Themas für die kurz- und mittelfristige Zukunft. Sollte sich herausstellen, dass dieses Thema erst im nächsten Jahr relevant wird, sollten Sie aufgrund Ihrer zeitlichen Ressourcenbeschränkung eher zu einer informellen Übermittlung der Kostenstruktur tendieren.
- **Einholen notwendiger Informationen für ein formelles Angebot:** Falls Ihre Ansprechperson ein formelles Angebot wünscht und das Thema für das Unternehmen in nächster Zeit von Bedeutung ist, ersuchen Sie um alle notwendigen Informationen, die für die Erstellung eines aussagekräftigen Angebots benötigt werden: „Gerne erstelle ich Ihnen ein Angebot. Dafür benötige ich jedoch einige Angaben. Welche Rechnungsadresse und Firmierung darf ich für die Buchhaltung verwenden? Wen darf ich als Vertragsunterzeichnerin oder Vertragsunterzeichner im Angebot nennen? Darf ich Ihnen Bundle-Lösungen vorschlagen? Bis wann darf ich Ihnen eine Angebotsfrist setzen?"

Die Antworten auf diese Fragen bilden die Basis für Ihre folgenden Schritte. Sie sind nun im Besitz wichtiger Informationen wie dem gewünschten Zeitpunkt der Angebotsunterzeichnung durch die potenzielle Kundin oder den potenziellen Kunden, der relevanten Firmierung für den Einkauf, Ihrer Ansprechpartnerin oder Ihrem Ansprechpartner für die Vertragsunterzeichnung sowie dem zu erwartenden Umsatzvolumen.

Diese Daten ermöglichen es Ihnen, Ihre Angebotserstellung gezielt und effizient voranzutreiben und Ihre Chancen auf einen erfolgreichen Abschluss zu erhöhen.

3.5.1 Angebotsfristsetzung in der Angebotslegung 1

Das Setzen einer klaren Frist bei der Angebotslegung ist von entscheidender Bedeutung. Eine festgelegte Frist gibt Ihnen Aufschluss darüber, wie dringend die potenzielle Kundin oder der potenzielle Kunde Ihre Lösung benötigt und wann eine realistische Auftragserteilung zu erwarten ist. Dies hilft Ihnen, Ihre Ressourcen effizient zu planen und die Erwartungen der Kundschaft zu erfüllen.

Wenn Ihnen der potenzielle Kunde die Frist überlässt, sollten Sie klarstellen, dass Sie sich nach seinen Vorstellungen richten und keinen unnötigen Zeitdruck erzeugen möchten. Fragen Sie gezielt: „Wie viel Zeit benötigen Sie nach Ihrer Schätzung, um das unterzeichnete Angebot zurückzusenden?"

Es ist wichtig zu betonen, dass die Erstellung eines detaillierten Angebots Zeit und Aufwand erfordert. Daher ist es am besten, diese Arbeit nur einmal erledigen zu müssen. Ihre Kundin oder Ihr Kunde wird dies verstehen, da sie wissen, dass Sie auch andere Aufgaben zu erledigen haben.

Das vom potenziellen Kunden vorgeschlagene Datum ist entscheidend, da das Angebot nach Ablauf dieses Datums seine Gültigkeit verliert. Beide Parteien sollten die Fristen genau im Blick behalten. Der Zeitpunkt der Angebotsfrist markiert auch den nächsten Touchpoint, da mit der Rücksendung des unterzeichneten Vertrages die offizielle nächste Interaktion stattfindet. Sollte der Kunde die Frist nicht einhalten können, sollte er Ihnen eine Rückmeldung über den Verbleib des Vertrages geben oder eine neue Zeitachse vorschlagen.

Diese Vorgehensweise ist entscheidend für das Überwachen des Projektfortschritts und gegebenenfalls für die Durchführung von Anpassungen. Zudem zeigt sie, dass der Kunde engagiert ist und Interesse an einer Zusammenarbeit hat.

Unabhängig vom Zeitpunkt der Vertragsunterzeichnung und Übermittlung, den die potenzielle Kundin oder der potenzielle Kunde angibt, planen Sie Ihren Folgetermin genau für diesen Tag. Der Fristablauftag stellt somit den nächsten offiziellen Touchpoint mit Ihrer Ansprechperson dar, da an diesem Tag alle für Sie relevanten Informationen von der Kundschaft zur Verfügung gestellt werden sollten.

Der Zeitpunkt des Fristablaufs stellt einen zentralen Meilenstein im Projektverlauf dar, da an diesem Tag die wesentlichen Details und Entscheidungen von der Kundin oder dem Kunden bereitgestellt werden. Eine sorgfältige Festlegung dieses Zeitpunkts trägt dazu bei, den Ablauf des Projekts zu strukturieren und eine reibungslose Zusammenarbeit zu gewährleisten.

Durch die klare Definition des Fristablaufs wird eine optimierte Ressourcenallokation und eine effiziente Zeitplanung ermöglicht. Vermeidung von Verzögerungen und Missverständnissen steigert die Produktivität und stellt sicher, dass alle Beteiligten auf demselben Kenntnisstand sind und konsistent kommunizieren.

3.5.2 Umsatzmaximierung in der Angebotslegung

Gehen Sie davon aus, dass die potenzielle Kundin oder der potenzielle Kunde anfangs möglicherweise kein klares Bild darüber hat, welche Bundle-Lösungen für ihr oder sein Unternehmen am besten geeignet sind. Dies bietet Ihnen die Gelegenheit, sich als Expertin oder Experte zu positionieren und die Kundin oder den Kunden aktiv bei der Entscheidungsfindung zu unterstützen. Mit Ihrer fachkundigen Beratung und gezielten Empfehlungen helfen Sie der Kundin oder dem Kunden, die passende Bundle-Lösung auszuwählen und eine zufriedenstellende Entscheidung zu treffen.

Als Verkäuferin oder Verkäufer sollten Sie zunächst eine Vielzahl von Optionen präsentieren, da die ersten Vorschläge oft als zu teuer oder zu umfassend empfunden werden. So haben Sie die Möglichkeit, im Laufe der Verhandlungen ein individuell abgestimmtes Angebot zu erarbeiten und das Vertrauen sowie die Zufriedenheit der Kundin oder des Kunden zu stärken. Durch das Anbieten einer breiten Palette an Optionen unterstützen Sie die Entscheidungsfindung und finden gemeinsam die optimale Lösung.

Um das maximal mögliche Einkaufsvolumen zu ermitteln, sollten Sie sich an den bisherigen Einkaufsmengen der Kundin oder des Kunden orientieren, die bereits im Rahmen der Bedarfsanalyse ermittelt und dokumentiert wurden. Dieser Ansatz ermöglicht eine realistische

Einschätzung des erwarteten Volumens und eine gezielte Ausrichtung Ihres Angebots. Der Vergleich mit früheren Einkäufen hilft dabei, die Potenziale für den aktuellen Verkauf realistisch zu bewerten und Ihre Chancen auf einen erfolgreichen Abschluss zu verbessern, siehe Abschn. 3.2.

Mit diesem Ansatz können Sie das maximale Einkaufsvolumen bestimmen. Alle Varianten Ihrer Lösung, die unterhalb dieses Volumens liegen, bieten der Kundin oder dem Kunden sofortige Einsparungspotenziale. Dies erhöht die Wahrscheinlichkeit für einen schnellen Vertragsabschluss, da die Kundin oder der Kunde die Vorteile der kostengünstigeren Optionen leichter erkennt und schneller eine Entscheidung trifft.

Eine erfahrene Verkäuferin oder ein erfahrener Verkäufer weiß, dass besondere Vorsicht geboten ist, sobald das Bundle festgelegt wurde. Es ist schwierig, das Paket nachträglich zu ändern oder eine alternative Variation zu vereinbaren. Daher sollten Sie sicherstellen, dass die Auswahl der Bundle-Lösung gründlich abgestimmt und gemeinsam mit der Kundin oder dem Kunden besprochen wird, um eine optimale Lösung zu finden und spätere Unzufriedenheit oder Änderungswünsche zu vermeiden.

Um den Verhandlungsspielraum zu maximieren, legen Sie das höchste und nachvollziehbare Einkaufsvolumen fest und erhöhen diesen Wert, da die Kundin oder der Kunde wahrscheinlich nach unten korrigieren wird. Diese Vorgehensweise schafft Verhandlungsspielraum und ermöglicht es, dass Ihre Lösung letztendlich nicht unter Wert angeboten wird. Gleichzeitig erhält die Kundin oder der Kunde das Gefühl, eine kostengünstigere Lösung erhalten zu haben, während Sie einen akzeptablen Preis erzielen.

Wenn Sie den höchsten und nachvollziehbarsten Preispunkt im Einkaufsvolumen festsetzen und die Kundin oder der Kunde diesen Wert als zu hoch empfindet, haben Sie einen wichtigen Fortschritt erzielt.

Durch gezielte Fragen können Sie vom höchsten Punkt im Einkaufsvolumen akzeptabel nach unten korrigieren:

Beispiele

- **Frage nach dem sinnvollen Volumen:** „Welches Volumen halten Sie für den ersten Schritt am sinnvollsten?"
- **Weiterfragen bei Angabe eines Volumens:** Wenn die potenzielle Kundin oder der potenzielle Kunde ein Volumen von X bis Y angibt, vertiefen Sie die Diskussion mit: „Sie haben ein Volumen von X bis Y angegeben. Glauben Sie, dass die eine Menge der Idealfall wäre und die andere auf jeden Fall realistisch ist?"
- **Erzielung von Zustimmung:** An dieser Stelle ist es wichtig, die Zustimmung der potenziellen Kundin oder des potenziellen Kunden zu erhalten, dass die realistische Menge genannt wurde. Fragen Sie weiter: „Ist das genannte Volumen X definitiv die richtige Menge, sodass Sie sich keine weiteren Gedanken mehr darüber machen müssen? Und wenn jemand Sie danach fragt, könnten Sie diese Information so weitergeben?"
- **Alternative Volumenoptionen besprechen:** Wenn Sie hier kein eindeutiges Ja erhalten, bleiben Sie weiterhin im Gespräch und bieten eine Lösung an: „Mit welchem Volumen würden Sie sich wohler fühlen? Wir können gemeinsam eine Lösung finden, die sowohl Ihren Erwartungen als auch Ihrem Budget entspricht."

Diese Fragestellungen helfen Ihnen, eine genaue und kundenorientierte Angebotslegung zu erreichen, die sowohl den Bedürfnissen Ihrer möglichen Kundin oder Ihres möglichen Kunden gerecht wird als auch die Chancen auf einen erfolgreichen Abschluss erhöht.

Eine erfahrene Verkäuferin oder ein erfahrener Verkäufer ist sich darüber im Klaren, dass nach der Angebotsabgabe das Angebot von verschiedenen internen Beteiligten geprüft wird. Dieses Verständnis ermöglicht es, sich auf Fragen und Anliegen vorzubereiten und gezielt darauf einzugehen, um eine reibungslose Weiterverarbeitung des Angebots zu gewährleisten.

Es ist zu erwarten, dass innerhalb des Unternehmens versucht wird, den Entscheidungsprozess zu beeinflussen, um eigene Vorstellungen durchzusetzen. Diese internen Dynamiken können den Prozess verlängern oder verkomplizieren. Daher ist es wichtig, die Argumente für Ihre Lösung klar und überzeugend zu präsentieren und die potenziellen Kunden dabei zu unterstützen, die Vorteile Ihres Angebots hervorzuheben. Sensibel auf Bedenken der internen Stakeholder einzugehen und konstruktive Lösungen anzubieten, fördert eine breite Akzeptanz für Ihr Angebot.

Schon im Vorfeld sollten Sie diese Dynamiken berücksichtigen und Strategien entwickeln, um die Entscheidungsfindung zu Ihren Gunsten zu beeinflussen. Wenn Sie das plausible Einkaufsvolumen des potenziellen Kunden ermittelt und bei Ihrem Ansprechpartner verankert haben, helfen Sie dieser Person, dieses Volumen gegenüber anderen internen Stakeholdern durchzusetzen. Durch die Festlegung einer akzeptablen Untergrenze unterstützen Sie Ihre Ansprechperson, sich innerhalb des Unternehmens für dieses Volumen einzusetzen.

Beim ersten Kaufversuch wird das Volumen häufig als Testphase so gering wie möglich gehalten. Ihre Aufgabe ist es daher, ein sinnvolles Volumen zu etablieren und zu verankern, um die Grundlage für eine langfristige Geschäftsbeziehung zu schaffen. Wenn das Volumen akzeptiert wird, erhöht sich die Wahrscheinlichkeit, dass es nach oben korrigiert wird. Eine klare Positionierung der Untergrenze verhindert eine Reduzierung des Volumens und optimiert Ihren Verhandlungsspielraum für einen akzeptablen Preis.

Darüber hinaus ist es wichtig, den Mehrwert Ihrer Lösungen hervorzuheben. Nutzen Sie Fallstudien oder Beispiele von anderen Kunden, um die Glaubwürdigkeit Ihrer Empfehlungen zu stärken und anfängliche Skepsis zu überwinden. Betonen Sie die langfristigen Vorteile und Kosteneinsparungen, die durch Ihre Lösungen erzielt werden können, um das Interesse an Ihren Vorschlägen zu wecken.

Durch diese systematische Vorgehensweise schaffen Sie eine stabile Basis für eine langfristige und erfolgreiche Geschäftsbeziehung. Eine Kombination aus fest verankertem minimalem Einkaufsvolumen, betontem Mehrwert Ihrer Lösungen und kontinuierlicher Kommunikation der langfristigen Vorteile sorgt dafür, dass die Bedürfnisse Ihrer Kunden und Ihre eigenen Interessen optimal erfüllt werden.

3.5.3 Angebotsfristsetzung in der Angebotslegung 2

Im Hinblick auf die Angebotserstellung sollten Sie darauf abzielen, den Verkaufsprozess zu beschleunigen. Nachdem die Angebotsfrist vereinbart und von der potenziellen Käuferin oder dem potenziellen Käufer akzeptiert wurde, erstellen und senden Sie das Angebot umgehend. Gleichzeitig erstellen Sie einen Kalendereintrag mit einem Reminder und senden diesen an Ihre Ansprechperson, um die potenzielle Käuferin oder den potenziellen Käufer rechtzeitig an die bevorstehende Angebotsfrist zu erinnern. Diese Maßnahmen helfen dabei, den Kaufprozess zu optimieren, unnötige Verzögerungen zu vermeiden und die Wahrscheinlichkeit eines erfolgreichen Abschlusses zu erhöhen. Zudem zeigen Sie damit Ihre Professionalität und Kundenorientierung, was zu einer vertrauensvollen und zufriedenstellenden Geschäftsbeziehung beiträgt.

Diese einfache, aber wirksame Methode bringt einen bedeutenden Mehrwert für Ihren Vertragsabschluss. Der Reminder wird Ihre Ansprechperson dazu motivieren, alle notwendigen Schritte für den Vertragsabschluss zu beschleunigen, um die vereinbarte Frist einhalten zu können. Dadurch erhöhen Sie die Wahrscheinlichkeit, dass der Vertrag noch vor Ablauf der Frist abgeschlossen wird, und sorgen gleichzeitig dafür, dass Ihr Ansprechpartner sich voll auf den Vertragsabschluss konzentriert.

Wie bereits erwähnt, ist es von entscheidender Bedeutung, den potenziellen Kundinnen und Kunden im Vorfeld deutlich zu machen, dass die Erstellung eines Angebots nicht unkompliziert und schnell vonstattengeht, da interne Genehmigungsprozesse vorliegen, die zeitaufwendig sein können. Diese Prozesse können mehrere Abteilungen einbeziehen, was die Dauer der Angebotserstellung weiter verlängern kann. Der Reminder dient als hilfreiche Erinnerung für die oft stark ausgelasteten Ansprechpersonen. Die Verkäuferin oder der Verkäufer muss dabei den Prozess gut organisieren und sicherstellen, dass alle Fristen eingehalten werden, um einen reibungslosen und professionellen Ablauf zu gewährleisten.

Mithilfe dieser Methode wird ein gewisser, aber zugleich subtiler Druck auf die potenziellen Kundinnen und Kunden ausgeübt, den Auftrag zu vergeben. Das Ziel besteht darin, diesen Druck so zu gestalten, dass die Kundinnen und Kunden sich gut behandelt und sorgsam betreut fühlen und gleichzeitig erkennen, dass eine schnelle Entscheidungsfindung auch in ihrem eigenen Interesse liegt. Eine klare und aussagekräftige Kommunikation der Vorteile einer raschen Auftragserteilung ist hierfür ungemein hilfreich.

Nachdem die Angebotsfrist vereinbart und der Reminder verschickt wurde, sollte ein konkreter Rückmeldetermin festgelegt werden. Es ist wichtig, diesen Termin klar und verbindlich zu kommunizieren, um mögliche Missverständnisse auszuschließen. Lassen Sie sich nicht auf „irgendwann" ein, da dies nicht in Ihren eng gesteckten Terminkalender passt und Sie nicht ständig verfügbar sein können. Berücksichtigen Sie, dass Sie Verhandlungen mit vielen weiteren potenziellen Neukundinnen und Neukunden führen, die alle einen festen Zeitrahmen erhalten. Daher ist es von großer Bedeutung, strukturiert und systematisch vorzugehen. Näheres dazu in Abschn. 3.5.4.

Ein gut organisierter Zeitplan ermöglicht es Ihnen, Ihre Ressourcen effizient zu nutzen und sicherzustellen, dass jede potenzielle Kundin und jeder potenzielle Kunde die notwendige Aufmerksamkeit und Unterstützung erhält. Durch diese klare und strukturierte Vorgehensweise wird der Verkaufsprozess beschleunigt und die Kundenzufriedenheit gefördert.

3.5.4 Rückmeldungsvereinbarung innerhalb der Angebotslegung

Der Folgetermin nach der Angebotserstellung ist von entscheidender Bedeutung für die Sicherung des Vertragsabschlusses. Dieser Termin dient als zentraler Ankerpunkt, um den Kaufprozess zielgerichtet voranzutreiben und den Abschluss des Vertrages zu gewährleisten. Durch eine gezielte Planung und eine effiziente Nutzung des Folgetermins können Sie sicherstellen, dass die potenziellen Kundinnen oder Kunden sich für Ihr Angebot interessieren und schließlich zum Abschluss gebracht werden.

Wenn Sie diesen Termin nicht einhalten, besteht die Gefahr, dass Sie die Kontrolle über den Verkaufsprozess verlieren. Es ist daher von höchster Bedeutung, klar zu kommunizieren, dass ein Folgetermin für beide Parteien von Vorteil ist, um eine gemeinsame und zielgerichtete Zusammenarbeit zu gewährleisten. Stellen Sie Ihre Anfrage daher in einer freundlichen, aber bestimmten Weise, um Ihre klare Absicht zu vermitteln und die Notwendigkeit eines Folgetermins zu betonen. Dies ermöglicht eine offene und effiziente Kommunikation, die zu einem erfolgreichen Vertragsabschluss beitragen kann.

Die potenziellen Käuferinnen und Käufer könnten versuchen, diesen Termin zu vermeiden, da sie sich unter Zeitdruck gesetzt fühlen könnten.

Lassen Sie sich jedoch nicht von solchen Versuchen ablenken! Je professioneller und zielorientierter Ihre Präsentation war, desto eher werden die Kundinnen und Kunden bereit sein, einen Folgetermin zu vereinbaren, da sie erkannt haben, wie ihnen ein solcher Termin zugutekommen kann. Durch Ihre Professionalität und Bestimmtheit können Sie Vertrauen aufbauen und dafür sorgen, dass die möglichen Kundinnen und Kunden sich auch im eigenen Interesse dafür entscheiden, einen Folgetermin zu vereinbaren.

Wenn Sie es mit einer sehr dominanten Person zu tun haben, steht es Ihnen zu, den Termin an einen für die potenzielle Kundin oder den potenziellen Kunden möglichst späten Zeitpunkt festzulegen. Dieser Zeitpunkt sollte jedoch in Absprache mit der möglichen Kundin oder dem möglichen Kunden vereinbart und von diesen auch vorgeschlagen werden. In diesem Fall ist es wichtig, dass Sie zwar Ihren Einfluss geltend machen, um Ihre eigenen Interessen zu wahren, aber gleichzeitig die Bedürfnisse und Anliegen der potenziellen Kundin oder des potenziellen Kunden berücksichtigen. So können Sie einen Kompromiss finden, der beiden Parteien gerecht wird und zu einer produktiven Zusammenarbeit beiträgt.

Führen Sie die potenziellen Käuferinnen und Käufer behutsam durch den Prozess und zeigen Sie dabei Verständnis für ihre individuelle Situation und mögliche Stressfaktoren. Seien Sie jedoch auch bestimmt und beharren Sie auf einem konkreten Rückmeldetermin, um den Prozess voranzutreiben und eine effektive Kommunikation zu gewährleisten. Damit signalisieren Sie zwar Verständnis, zeigen aber gleichzeitig Ihre Professionalität und Ihr Engagement für eine erfolgreiche Zusammenarbeit.

Auf diese Weise bleiben Sie immer über den Fortgang der Gespräche mit den potenziellen Kundinnen und Kunden auf dem Laufenden und erhalten eine klare Rückmeldung, ob sie weiterhin an Ihrem Angebot interessiert sind. Wenn Sie ihnen eine professionelle Lösung präsentiert haben, ist es Ihr gutes Recht, auf einen konkreten Rückmeldetermin zu bestehen. Bleiben Sie bei Ihrer Position. Eine konsequente Nachverfolgung zeugt von Ihrer Zuverlässigkeit und Ihrem Engagement für das Unternehmen, was zu einer höheren Wahrscheinlichkeit eines erfolgreichen Geschäftsabschlusses führen kann.

Darüber hinaus empfiehlt es sich, den Mehrwert Ihrer Lösung immer wieder zu unterstreichen und darauf hinzuweisen, dass ein frühzeitiger Rückmeldetermin zur Etablierung einer langfristig erfolgreichen Zusammenarbeit beiträgt. Auf diese Weise können Sie den potenziellen Käuferinnen und Käufern signalisieren, dass Sie nicht nur an Ihrem eigenen Erfolg, sondern auch an ihren Interessen interessiert sind. Durch dieses Zeichen von Professionalität und Fairness kann das Vertrauen zwischen den beteiligten Parteien gestärkt und die Entscheidungsfindung beschleunigt werden.

Mehr über die Vorgehensweise zur Ermittlung des passenden Folgetermins erfahren Sie unter Abschn. 3.5.6.

3.5.5 Zusendung der Zusammenfassung

Sie haben einen wichtigen Schritt in Ihrer Verkaufsstrategie erreicht: Sie haben alles in Ihrer Macht Stehende unternommen, um den Vertragsabschluss zu fördern. Oder etwa nicht? Diese rhetorische Frage kann Sie dazu anregen, Ihre Strategie noch einmal kritisch zu hinterfragen und zu überprüfen, ob Sie wirklich alles getan haben, um einen erfolgreichen Abschluss zu ermöglichen.

In der entscheidenden Phase des Verkaufsprozesses ist es von größter Bedeutung, dass Sie Ihrem Ansprechpartner bzw. Ihrer Ansprechpartnerin alle relevanten Informationen zukommen lassen. Nur so kann er oder sie bestmöglich für die Auftragserteilung vorbereitet sein und eine informierte Entscheidung treffen. Es ist daher wichtig, dass keine Fragen offenbleiben und alle Informationen transparent und ausführlich kommuniziert werden.

Falls Ihr Ansprechpartner oder Ihre Ansprechpartnerin nicht über die notwendigen Argumente verfügt, um die Budgetentscheider zu überzeugen, liegt es an Ihnen, ihm oder ihr die nötige Unterstützung zu bieten. Diese Person muss in der Lage sein, alle Fragen der Budgetentscheider umfassend und überzeugend zu beantworten, um eine erfolgreiche Entscheidung zugunsten des Projektes zu ermöglichen. Damit ist gewährleistet, dass der Ansprechpartner oder die Ansprechpartnerin das Projekt in bestmöglicher Weise präsentieren und verteidigen kann.

Wenn Ihr Ansprechpartner oder Ihre Ansprechpartnerin sich für eine Zustimmung einsetzt, diese jedoch von den Budgetentscheidern nicht erhält, waren all Ihre Bemühungen vergeblich. Minimieren Sie das Risiko eines fehlgeschlagenen Abschlusses, indem Sie mögliche Hindernisse und Schwierigkeiten antizipieren und sich entsprechend darauf vorbereiten. Dies umfasst die Identifizierung von möglichen Bedenken und Einwänden der Budgetentscheider, die Entwicklung von Gegenargumenten und Lösungsvorschlägen sowie die Vorbereitung auf mögliche Verhandlungen und Diskussionen.

Ihre wichtigste Aufgabe in diesem Stadium des Verkaufsprozesses besteht darin, alle relevanten und notwendigen Informationen klar, prägnant und umfassend zu kommunizieren. Dies ermöglicht es den Beteiligten, die Vor- und Nachteile des Projektes zu verstehen und das Potenzial zu erkennen. Darüber hinaus sollte die Kommunikation darauf ausgerichtet sein, mögliche Bedenken zu zerstreuen und die Entscheidungsträger von den Vorteilen des Projektes zu überzeugen. Eine klare, überzeugende und zielgerichtete Kommunikation ist daher ein entscheidender Faktor für den Erfolg im Verkaufsprozess.

Als High-Performer bzw. High-Performerin können Sie davon ausgehen, dass die potenziellen Käuferinnen und Käufer jetzt ein starkes Interesse an Ihrer Lösung haben. Die Vorteile, wie Kosteneinsparungen, Gewinnsteigerungen und höhere Qualität, sind für sie sehr attraktiv. Zusammen mit Ihrem Ansprechpartner bzw. Ihrer Ansprechpartnerin sollten Sie die Budgetentscheider von den Vorteilen des Projektes überzeugen und zu einer positiven Entscheidung führen. Hierfür ist es notwendig, alle Aspekte klar, prägnant und überzeugend darzulegen, um jeden Zweifel auszuräumen und einen erfolgreichen Abschluss zu ermöglichen. Eine professionelle und gut vorbereitete Zusammenfassung kann den Ausschlag geben und die Chancen auf einen erfolgreichen Vertragsabschluss deutlich erhöhen.

Durch eine sorgfältige Vorbereitung und eine präzise, klare Kommunikation sorgen Sie dafür, dass Ihr Ansprechpartner bzw. Ihre Ansprechpartnerin die notwendigen Argumente zur Hand hat, um die Budgetentscheider zu einer für alle Beteiligten vorteilhaften Entscheidung zu führen. Es ist daher entscheidend, den Prozess jederzeit transparent und zielorientiert zu gestalten und alle Fragen und Bedenken der Entscheidungsträger ausreichend zu beantworten. Dadurch können Sie dazu bei-tragen, dass Ihr Ansprechpartner bzw. Ihre Ansprechpartnerin den ent-scheidenden Schritt zum Vertragsabschluss gehen kann, wobei alle Par-teien von den Vorteilen des Projektes profitieren können.

Wie bereits in Abschn. 3.1 erklärt, sollten Sie alle Ablehnungen durch potenzielle Kunden sorgfältig dokumentiert haben und die Gründe für die Ablehnung gründlich ermittelt haben. Die jeweiligen Ablehnungsgründe sowie Ihre Gegenargumente variieren je nach an-gebotener Lösung, weshalb die Antizipation der Gegenargumente Ihre aktive Beteiligung erfordert. Diese Informationen sind nun von großer Bedeutung, um mögliche Muster in den Ablehnungsgründen zu er-kennen und entsprechende Kaufargumente zu entwickeln. Sie sollten eine ausführliche Auflistung von Antworten auf die Frage „Warum ent-scheiden Sie sich nicht für den Kauf unserer Lösung, obwohl Sie damit Zeit und Geld sparen können?" erstellt haben. Diese Antworten sind von entscheidender Bedeutung, da sie Ihnen und Ihren Ansprech-personen helfen, eventuelle Schwachstellen in Ihrer Verkaufsstrategie aufzuzeigen und zu erkennen, wie Sie versehentlich den Budgetent-scheidern die Möglichkeit gegeben haben, Ihre Lösung abzulehnen. Durch die systematische Auswertung dieser Antworten können Sie ler-nen, wo Verbesserungspotenzial besteht und Ihre Strategie anpassen, um künftig effektiver auf die Bedürfnisse und Bedenken der potenziel-len Kunden einzugehen.

Die Kernaufgabe von Budgetentscheidern besteht darin, unnötige Lö-sungen zu identifizieren und sich dagegen zu entscheiden, diese zu erwer-ben. Dies ist eine essenzielle Verantwortung, die ihnen in ihrer Rolle ob-liegt. Aus diesem Grund ist es für Sie von größter Bedeutung, die Gründe zu verstehen, warum potenzielle Kunden nicht kaufen oder nicht gekauft haben. Diese Analyse gehört zu den zentralen Aufgaben in Ihrer Rolle als Verkäuferin oder Verkäufer, denn nur so können Sie die Strategie und die Argumentation kontinuierlich verbessern und an die Anforderungen der Budgetentscheiderinnen und -entscheider anpassen.

Ihr Ansprechpartner bzw. Ihre Ansprechpartnerin benötigt diese In-formationen, um die transformierten Kaufargumente zusammenfassend an die Budgetentscheider weiterzuleiten. Dies ermöglicht es ihnen, ihre

Rolle im Einkaufsprozess effektiv zu erfüllen und die Anforderungen der Budgetentscheider zu erkennen und anzusprechen. Durch die Übermittlung aller wesentlichen Informationen können Sie gemeinsam sicherstellen, dass die Budgetentscheider über eine umfassende Basis an Daten verfügen, um eine fundierte Entscheidung treffen zu können.

Direkten Einfluss auf die Budgetentscheiderinnen und -entscheider haben Sie in der Regel nicht, und in den meisten Fällen haben diese auch nicht die Möglichkeit, Ihrer gesamten Präsentation zu folgen. Durch eine gründliche Vorbereitung und eine präzise, zielgerichtete Kommunikation können Sie sicherstellen, dass Ihr Ansprechpartner bzw. Ihre Ansprechpartnerin in der Lage ist, die Argumente überzeugend darzustellen und die Chancen für eine positive Entscheidung zu maximieren.

Es ist von entscheidender Bedeutung, diese Gegenargumente, die sich aus den Absagen früherer potenzieller Kundinnen und Kunden ergeben haben, in die Zusammenfassung als transformierte Kaufargumente aufzunehmen. Dadurch wird sichergestellt, dass alle möglichen Bedenken und Einwände, die im Entscheidungsprozess auftreten können, bereits im Voraus identifiziert und adäquat angesprochen werden. Dies ermöglicht es Ihnen und Ihrem Ansprechpartner bzw. Ihrer Ansprechpartnerin, auf mögliche Skepsis oder Ablehnung der Budgetentscheider reagieren zu können und sie von den Vorteilen und Stärken Ihrer Lösung zu überzeugen.

Diese transformierten Kaufargumente bilden die fundamentale Grundlage für eine solide argumentierte Entscheidungsfindung. Indem Sie diese Punkte klar, strukturiert und prägnant formuliert haben, unterstützen Sie Ihren Ansprechpartner bzw. Ihre Ansprechpartnerin dabei, die Budgetentscheider zu überzeugen und eine positive Entscheidung zu erreichen. Durch eine gründliche Vorbereitung und eine klare, zielgerichtete Kommunikation können Sie so maßgeblich zum Erfolg des Verkaufsprozesses beitragen und die Chancen auf einen Vertragsabschluss deutlich erhöhen.

Es ist essenziell, sich dessen bewusst zu sein, dass Ihre Aufgabe in diesem Prozess darin besteht, den Weg für einen erfolgreichen Abschluss zu ebnen, indem Sie alle relevanten Informationen bereitstellen und alle potenziellen Einwände im Voraus ausräumen. Nur so können Sie sicherstellen, dass Ihre Bemühungen für den Verkaufsprozess nicht vergebens waren und ein erfolgreiches Ergebnis erzielt wird. Durch eine konsequente und gründliche Arbeitsweise können Sie die Chancen auf einen Vertragsabschluss signifikant erhöhen und Ihren Beitrag zum Erfolg des Projektes sichern.

3.5.6 Nachfolgetermin in der Angebotslegung

Wie bereits in Abschn. 3.5 erläutert, stehen Ihnen zwei Optionen zur Verfügung, wenn es darum geht, die Kosten Ihrer Lösung zu kommunizieren: eine informelle Kostenaufstellung oder ein formelles Angebot. Abhängig von der bevorzugten Variante Ihres Ansprechpartners bzw. Ihrer Ansprechpartnerin können Sie Ihr Folgetreffen gezielt ansetzen und Ihre Vorbereitung entsprechend anpassen. So stellen Sie sicher, dass Sie die Erwartungen Ihres potenziellen Kunden oder Ihrer potenziellen Kundin erfüllen und die Chancen auf eine positive Entscheidung erhöhen.

Variante 1: Informelle Kostenkommunikation
Sollte Ihre Kundin oder Ihr Kunde eine informelle Kostenaufstellung wünschen, bitten Sie sie, Ihnen einen Zeitpunkt mitzuteilen, zu dem sie oder er Ihnen eine kurze Rückmeldung geben kann, ob das Thema für ihr oder sein Unternehmen von Bedeutung ist. Die Festlegung eines Rückmeldetermines in Verbindung mit einer informellen Kostenkommunikation kann jedoch schwierig sein, da es zu einer vorzeitigen Verpflichtung führen könnte. Diese Rückmeldung ermöglicht es Ihnen, die Relevanz Ihrer Lösung für den jeweiligen Kunden zu überprüfen und gezielte Maßnahmen zu ergreifen, um die Chancen auf einen erfolgreichen Vertragsabschluss zu verbessern.

Um den idealen Zeitpunkt für das Folgetreffen in dieser bevorzugten Variante zu bestimmen, können Sie Ihren potenziellen Kunden oder Ihre potenzielle Kundin mit den folgenden Fragen zu einem präzisen Zeitpunkt für die Rückmeldung leiten:

Beispiel

Um einen konkreten Zeitpunkt für ein Feedbackgespräch zu ermitteln, können Sie Ihrer potenziellen Kundin bzw. Ihrem potenziellen Kunden die folgende Frage stellen:

* „Bis wann könnten Sie mir bitte eine kurze Rückmeldung darüber geben, ob dieses Thema für Sie von Relevanz ist oder nicht, damit ich weiß, wie ich mit Ihrem Unternehmen weiterverfahren kann?"

Sollte Ihre potenzielle Kundin oder Ihr potenzieller Kunde zögern und Ihnen raten, später noch einmal nachzufragen, sollten Sie dies nicht unmittelbar akzeptieren. Bedenken Sie, dass Sie bereits erhebliche Zeitressourcen in dieses Potenzial investiert haben, und Ihrer möglichen Kundin bzw. Ihrem möglichen Kunden ist das durchaus bewusst. Eine kurze Rückmeldung zur Relevanz Ihres Angebots ist in diesem Kontext angemessen. Um den Dialog weiterzuführen, können Sie eine deeskalierende Frage stellen:

* „Wann wäre für Sie der spätestmögliche Zeitpunkt für ein Feedbackgespräch, damit ich mich kurz bei Ihnen melden kann?"

Es ist unwahrscheinlich, dass Ihre potenzielle Kundin oder Ihr potenzieller Kunde Ihrem Vorschlag ausweichen wird, und sie werden einen Termin für ein Feedbackgespräch vereinbaren.
Akzeptieren Sie den von Ihrer möglichen Kundin bzw. Ihrem möglichen Kunden vorgeschlagenen Termin und planen Sie einen kurzen Zeitrahmen ein. Behalten Sie dabei stets Ihre Höflichkeit und Professionalität bei, um das Verhältnis zu Ihrer Kundin bzw. Ihrem Kunden nicht zu belasten.

Variante 2: Formelles Angebot

Eine weitere Möglichkeit besteht darin, ein formelles Angebot mit einer Angebotsfrist zu erstellen, dessen Zeitpunkt als Erinnerung für ein Folgegespräch dient. Dieser Ansatz ist insbesondere dann sinnvoll, wenn Ihre Ansprechperson nicht für einen weiteren Termin zu begeistern ist. Sollte Ihre Ansprechperson doch offen für ein weiteres Gespräch sein, wählen Sie idealerweise einen Termin vor Ablauf der Angebotsfrist. So können Sie gegebenenfalls noch Änderungen am Angebot vornehmen.

Falls die Erinnerung als nächstes Folgegespräch beibehalten wird, legt man den Zeitpunkt der Angebotsfrist als Termin für den nächsten Kontakt mit potenziellen Kundinnen und Kunden fest. Dadurch lässt sich ein Folgegespräch organisieren, wenn die Auftragsvergabe innerhalb der angegebenen

Frist nicht erfolgt. Vergibt die potenzielle Kundin oder der potenzielle Kunde den Auftrag innerhalb dieser Frist, wird sie Sie aktiv kontaktieren. Sollte der unterzeichnete Vertrag nicht bei Ihnen eingehen, besteht kein Grund zur Besorgnis. Sie haben bereits eine bindende Terminvereinbarung und können nach dem Folgegespräch Ihre Pipeline effektiv bewerten und gegebenenfalls Anpassungen an Ihrer Verkaufsstrategie vornehmen. Dadurch wird sichergestellt, dass Sie auch in diesem Szenario eine klare Handlungsbasis haben und die Chancen auf einen erfolgreichen Vertragsabschluss weiter verbessern können.

Durch die Einhaltung dieser systematischen Vorgehensweise erlangen Sie eine klare Handlungsgrundlage für den weiteren Kommunikationsprozess mit den potenziellen Kundinnen und Kunden und steigern die Wahrscheinlichkeit einer erfolgreichen Zusammenarbeit deutlich. Indem Sie sich an eine strukturierte Methode halten, können Sie sicherstellen, dass alle wichtigen Aspekte im Verkaufsprozess berücksichtigt werden und die Chancen auf einen erfolgreichen Vertragsabschluss stetig erhöht werden. Dieser systematische Ansatz ermöglicht es Ihnen, Ihre Verkaufsstrategie kontinuierlich zu optimieren und auf die individuellen Bedürfnisse Ihrer Kundinnen und Kunden einzugehen.

Solange Sie sich im Rahmen der informellen Variante befinden, wiederholen Sie den Vorgang mit dem letztmöglichen Zeitpunkt für ein Folgetreffen, bis Sie das formelle Angebot versenden können und die entsprechende Methode zur Festlegung des Folgetermins anwenden können. Durch die kontinuierliche Wiederholung dieses Prozesses innerhalb der informellen Variante sichern Sie sich die Möglichkeit, ein formelles Angebot zu erstellen und die zugehörige Strategie für die Festlegung des Folgetermins zu nutzen. Dieser Ansatz ermöglicht es Ihnen, die Chancen für einen erfolgreichen Vertragsabschluss weiter zu optimieren und die Verkaufsstrategie entsprechend anzupassen.

> Stellen Sie sicher, dass Sie eine kontinuierliche Kommunikation mit Ihrer potenziellen Kundin bzw. Ihrem potenziellen Kunden aufrechterhalten und bieten Sie Ihnen ständig Gelegenheiten zur Interaktion, sodass eine offene und gegenseitige Kommunikation möglich ist. Durch diese kontinuierliche Zusammenarbeit werden die Chancen deutlich erhöht, dass sich die mögliche Kundin bzw. der mögliche Kunde letztendlich für Ihr Angebot entscheidet.

Sie besitzen nun alle notwendigen Informationen, um aus einem Lead einen Verkaufsabschluss zu generieren. Allerdings hängt Ihr Erfolg auch von der Motivation der potenziellen Kundin bzw. des potenziellen Kunden ab, an einen Vertragsabschluss zu glauben und diesen intern zu kommunizieren. Sollte dies nicht der Fall sein, kann es zu Verzögerungen im Abschlussprozess kommen. Die Überzeugung und Motivation Ihrer Ansprechperson spielen eine entscheidende Rolle bei der Vertriebsentwicklung. Wenn sie bzw. er nicht von den Vorteilen Ihrer Lösung überzeugt ist und nicht bereit ist, diese intern zu kommunizieren, kann dies den Abschluss verzögern. Deshalb ist es wichtig, dass Sie das Vertrauen Ihrer Ansprechperson gewinnen und sie bzw. ihn mit allen Informationen versorgen, die sie bzw. er benötigt, um eine informierte Entscheidung treffen zu können.

Alle Vertragsabschlüsse, die innerhalb Ihres Einflussbereichs lagen, konnten durch Ihre jetzige Expertise zu einem erfolgreichen Abschluss geführt werden. Alle Vertragsabschlüsse, die nicht aufgrund Ihrer systematischen Vorgehensweise zustande kamen und bei denen die potenzielle Kundin bzw. der potenzielle Kunde selbst über den Kaufzeitpunkt entschied, lagen nicht innerhalb Ihres Einflussbereichs oder Ihre Expertise war zu diesem Zeitpunkt noch nicht ausreichend entwickelt, um dies zu erreichen. Durch die Entwicklung Ihrer systematischen Vorgehensweise und die ständige Weiterentwicklung Ihrer Expertise können Sie Ihren Einflussbereich im Vertrieb weiter ausbauen und Ihre Erfolgsquote bei den Vertragsabschlüssen steigern. Zudem können Sie so auch in Fällen, in denen die potenzielle Kundin bzw. der potenzielle Kunde den Kaufzeitpunkt selbst bestimmt, Ihre Chancen auf einen erfolgreichen Vertragsabschluss deutlich erhöhen.

Fokussieren Sie sich immer auf neue potenzielle Kundinnen und Kunden. Mögliche Kundinnen und Kunden, denen Sie Ihre Botschaft bereits mitgeteilt haben, werden ihre Entscheidungen in ihrem eigenen Tempo treffen. Die eingeplanten Follow-up-Gespräche besitzen alle notwendigen Informationen und die potenziellen Kundinnen und Kunden werden, falls sie das möchten, bis zum definierten Folgegespräch von sich aus auf Sie zukommen. Durch diese Strategie ermöglichen Sie es Ihren potenziellen Kundinnen und Kunden, ihre Entscheidungen in Ruhe zu treffen, während Sie gleichzeitig weitere potenzielle Kundinnen und Kunden ansprechen und die Chance auf weitere Vertragsabschlüsse erhöhen.

Vor einem Folgegespräch sollten Sie die Daten und Fakten immer noch einmal überprüfen, um sicherzustellen, dass der zuvor identifizierte Bedarf noch besteht. Wenn dies nicht mehr der Fall ist, informieren Sie die potenzielle Kundin bzw. den potenziellen Kunden und fragen Sie, ob das Thema für das Unternehmen weiterhin relevant ist. Sollte die potenzielle Kundin bzw. der potenzielle Kunde mitteilen, dass das Thema nicht mehr aktuell ist und Ihre Analyse keinen weiteren Bedarf aufzeigt, trennen Sie sich von diesem Lead, um keine weitere Zeit und Energie zu verschwenden. Dieser Ansatz gewährleistet, dass Sie Ihre Ressourcen auf potenzielle Kundinnen und Kunden konzentrieren, die einen tatsächlichen Bedarf haben und für Ihr Unternehmen relevant sind. Durch die Konzentration auf wertvolle Leads können Sie Ihre Effizienz im Verkaufsprozess erhöhen und langfristig Ihren Erfolg steigern.

Sollte sich ein solcher Fall ereignen, bedeutet dies nicht, dass Ihre Arbeit von schlechterer Qualität war. Wenn Sie alle zuvor erwähnten Aspekte berücksichtigt haben, haben Sie einen ausgezeichneten Job gemacht. Die meisten internen Prozesse bei der potenziellen Kundin oder dem potenziellen Kunden liegen jedoch außerhalb Ihrer Kontrolle und lassen sich erst durch Ihre gewonnene Erfahrung und Anwendung des Modells antizipieren. Im Laufe der Zeit werden aufgrund Ihrer stetig wachsenden Expertise im Rahmen des Temperament-Sales-Modells definitive Absagen von potenziellen Kundinnen und Kunden immer seltener. Durch kontinuierliche Verbesserung Ihrer Interaktionsfähigkeiten und das analytische Anpassen Ihrer Verkaufsstrategie an die Temperamente Ihrer potenziellen Kundinnen und Kunden, wie in Kap. 5 beschrieben, entwickeln Sie Expertenwissen. Dies ermöglicht Ihnen ein tieferes Verständnis der Bedürfnisse Ihrer Kunden und erhöht die Chancen auf erfolgreiche Vertragsabschlüsse signifikant. Auf diese Weise können Sie die Häufigkeit von Absagen minimieren und Ihre Erfolgsquote im Verkaufsprozess kontinuierlich steigern.

Der Schlüssel zum erfolgreichen Akquisemodus besteht darin, potenzielle Kundinnen und Kunden mit hohem Interesse und Potenzial zum richtigen Zeitpunkt zu identifizieren und Ihre Energie auf diese zu konzentrieren. Die richtige Balance zwischen Beharrlichkeit und Effizienz ist hierbei von entscheidender Bedeutung. Durch die Fähigkeit, diejenigen potenziellen Kundinnen und Kunden zu erkennen, die für Ihr Angebot am empfänglichsten sind und ein hohes Potenzial für einen Vertragsabschluss haben, können Sie Ihre Zeit und Ressourcen effizienter einsetzen. Die richtige Mischung aus Beharrlichkeit, um die Beziehung zur potenziellen Kundin bzw. zum potenziellen Kunden aufzubauen und zu pflegen, und Effizienz, um sich auf die wertvollsten Leads zu konzentrieren, tragen entscheidend zu Ihrem Verkaufserfolg bei.

Durch kontinuierliche Optimierung und Anpassung Ihrer Verkaufsprozesse steigern Sie Ihre Erfolgschancen und reduzieren den Aufwand für wenig erfolgversprechende Leads. Dabei sind sowohl analytische Fähigkeiten als auch ein gutes Gespür für menschliche Interaktionen und Geschäftsbeziehungen von Bedeutung. Die Fähigkeit, Verkaufsprozesse zu analysieren und an die Bedürfnisse der Kundinnen und Kunden anzupassen, ist von entscheidender Bedeutung für langfristigen Erfolg. Zudem sollten Sie in der Lage sein, menschliche Interaktionen und Geschäftsbeziehungen zu verstehen und zu nutzen, um Ihre Verkaufsstrategie ständig zu verbessern.

Weiterführende Fragen/Checkliste

- Welche Formate stehen für die Durchführung Ihrer Präsentation zur Verfügung und welche Faktoren beeinflussen die Wahl des Formats?
- Warum ist es entscheidend, dass Ihre Unterlagen die aktuelle Situation des Unternehmens ohne Ihre Lösung darstellen?
- Wie sollte die Struktur Ihrer Präsentation aufgebaut sein, um auf die Bedürfnisse und Einwände des Publikums einzugehen?
- Welche Vorteile Ihrer Lösung sollten Sie besonders hervorheben, um die Entscheidungsträger zu überzeugen?
- Wie können Sie durch den Einsatz von konkreten Beispielen und Zahlen die Effektivität Ihrer Lösung demonstrieren?
- Welche Strategie wird empfohlen, um frühere Einwände in Kaufargumente umzuwandeln und wie sollte diese Strategie angewendet werden?
- Welche Rolle spielen Zwischenfragen in Ihrer Präsentation und wie können diese zur Aufrechterhaltung des Interesses beitragen?
- Warum ist es wichtig, die Bedürfnisse des Publikums in Ihrer Präsentation zu berücksichtigen und wie können Sie dies erreichen?
- Welche Schritte sollten Sie unternehmen, um eine effektive Bedarfsanalyse durchzuführen und wie kann diese in Ihre Präsentation integriert werden?
- Wie können Sie die Relevanz und Dringlichkeit Ihrer Lösung für potenzielle Kunden verdeutlichen, um einen erfolgreichen Verkaufsabschluss zu erzielen?

4

Die Nachbereitung

Dieses Kapitel behandelt die dritte und letzte Phase des Interaktionsteils des Temperament-Sales-Modells und betont, dass der Verkaufsprozess über die reine Präsentation hinausgeht. Die Nachbearbeitung ist für einen erfolgreichen Abschluss entscheidend. Dieses Kapitel zeigt Ihnen Ihre Möglichkeiten, wie Sie durch gezielte Follow-ups und empathische Kommunikation die Entscheidungsfindung Ihrer potenziellen Kunden und Kundinnen positiv beeinflussen und sogar aus einer Ablehnung eine Chance machen können. Erfahren Sie, wie Sie den richtigen Zeitpunkt für ein Follow-up wählen, um das Interesse Ihrer potenziellen Kundinnen und Kunden am Leben zu erhalten und ihre Bedenken zu entkräften. Entdecken Sie die Kunst des aktiven Zuhörens und der individuellen Ansprache, um eine vertrauensvolle Beziehung aufzubauen. Lernen Sie außerdem, wie Sie die richtige Balance zwischen Distanz und Wertschätzung wahren, um potenzielle Kundinnen und Kunden nicht zu überrumpeln, sondern sie zu einer Entscheidung zu begleiten. (Abb. 4.1).

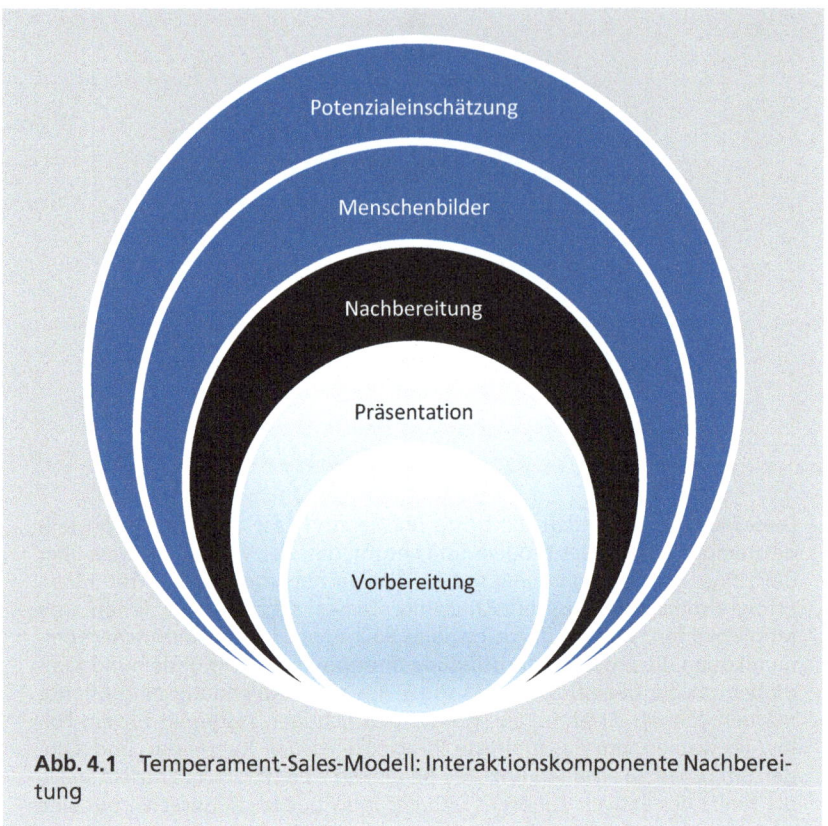

Abb. 4.1 Temperament-Sales-Modell: Interaktionskomponente Nachbereitung

Verkaufsarbeit umfasst mehr als die reine Produktpräsentation. Die korrekte Nachbearbeitung ist für einen erfolgreichen Abschluss entscheidend. In diesem Abschnitt erfahren Sie, wie Sie durch zielgerichtete Follow-ups und empathische Kommunikation Ihre potenziellen Kundinnen und Kunden bei ihrer Entscheidungsfindung positiv beeinflussen können. Selbst aus einer anfänglichen Ablehnung können Chancen entstehen. Sie werden erlernen, wie Sie den optimalen Zeitpunkt für Follow-ups wählen und so das Interesse Ihrer Kundschaft aufrechterhalten sowie deren Bedenken gezielt entkräften können.

Eine entscheidende Fähigkeit ist es, aktiv zuzuhören und persönliche Beziehungen aufzubauen. Sie werden erkennen, wie wichtig es ist, sich in die Position Ihrer potenziellen Kundinnen und Kunden zu versetzen und ihre Bedürfnisse und Wünsche tief zu verstehen. Durch empathisches Zuhören und kommunikative Anpassung an die Temperamente Ihrer Gesprächspartner schaffen Sie eine vertrauensvolle Beziehung, die den Grundstein für langfristigen Verkaufserfolg bildet. Indem Sie Ihre Kommunikation so gestalten, dass Ihre potenziellen Kundinnen und Kunden sich verstanden und geschätzt fühlen, fördern Sie empathisches Verständnis und stärken die Beziehung zu Ihren Kundinnen und Kunden.

Ein weiterer wichtiger Punkt in diesem Abschnitt ist das Finden der Balance zwischen Distanz und Wertschätzung. Sie werden lernen, wie Sie Ihre möglichen Kundinnen und Kunden nicht überrumpeln, sondern sie behutsam und dennoch zielgerichtet zu einer Entscheidung begleiten können. Es wird erläutert, wie Sie durch einen sensiblen Ansatz eine Atmosphäre des Vertrauens schaffen, in der sich Ihre potenziellen Kundinnen und Kunden wohlfühlen und für Ihre Vorschläge offen sind.

Zudem werden Strategien vorgestellt, wie Sie auch aus einer Ablehnung wertvolle Erkenntnisse gewinnen können. Eine Ablehnung bedeutet nicht zwangsläufig das Ende einer Kundenbeziehung. Im Gegenteil, sie bietet die Möglichkeit, mehr über die Bedürfnisse und Bedenken Ihrer Kundinnen und Kunden zu erfahren und Ihre Ansätze entsprechend anzupassen. Durch gründliche Nachbearbeitung und gezielte Follow-ups können Sie die Beziehung zu Ihren potenziellen Kundinnen und Kunden langfristig festigen und die Aussichten für zukünftige Verkäufe verbessern. Erneut wird die fundamentale Bedeutung von bewusster Empathie und Sensibilität in Bezug auf das Temperament Ihres Gesprächspartners sowie einer aktiven emotionalen Verbindung für Verkäuferinnen und Verkäufer hervorgehoben.

4.1   Das Nachfolgegespräch

Zum Zeitpunkt des Folgegesprächs sind alle wesentlichen Informationen bereits übermittelt, und die beteiligten Personen können den Verkaufserfolg nicht weiter beeinflussen.

Das Folgegespräch dient dazu, den Stand des Verkaufsprozesses zu besprechen und die nächsten Schritte zu planen. Die endgültige Entschei-

dung über den Vertragsabschluss wird jedoch außerhalb des Gesprächs-
rahmens getroffen und hängt von externen Faktoren ab, die außerhalb
der Kontrolle der beteiligten Personen liegen. Bis zu diesem Punkt hatten
Sie die Möglichkeit, alle notwendigen Maßnahmen zu ergreifen, die den
Vertragsabschluss positiv beeinflussen können. Die Qualität Ihrer bisherigen Bemühungen und die präzise, zielgerichtete Gestaltung Ihrer
Präsentation und Zusammenfassung werden nun entscheidend sein.

Die Auswirkungen Ihrer Arbeit werden sich jetzt zeigen, und der Erfolg des Vertrags hängt stark von der Wirksamkeit Ihrer bisherigen Anstrengungen ab. Es ist daher wichtig, dass Sie gründlich gearbeitet und
sich auf die Bedürfnisse Ihrer potenziellen Kundinnen und Kunden
konzentriert haben. Ein High-Performer oder eine High-Performerin
schafft ab diesem Zeitpunkt im Verkaufsprozess eine positive Atmosphäre, da er oder sie weiß, dass nichts mehr verändert werden kann. Ihre
Ansprechperson wird Ihnen mitteilen, ob es zum Kauf kommt, ob dieser
verschoben wird oder ob weitere Informationen benötigt werden.

Unabhängig von der Botschaft, die Ihnen Ihr Gesprächspartner mitteilt, werden Sie diese akzeptieren und positiv aufnehmen, da Sie eine
große Menge an Zeit und Arbeit in die Vorbereitung investiert haben. Als
High-Performer oder High-Performerin sind Sie zu diesem Zeitpunkt
entspannt und gelassen, da Sie wissen, dass Sie alles getan haben, was in
Ihrer Macht stand, um einen erfolgreichen Verkauf zu erzielen. Ihr Angebot bietet der Kundin oder dem Kunden die Möglichkeit, Kosten zu senken und die Qualität zu verbessern. Die Kundin oder der Kunde kann
Ihr Angebot annehmen oder ablehnen, je nachdem, ob sie oder er den
Mehrwert erkennt. Sollte die Kundin oder der Kunde den Mehrwert
nicht erkennen, fragen Sie nach den Gründen.

Wenn die Vorteile Ihres Angebots gut dargelegt wurden, die Kundin
oder der Kunde sie jedoch nicht verstanden hat, können Sie die Argumente nochmals vorbringen. Vermeiden Sie jedoch, im Folgegespräch
die Mehrwerte zu detailliert zu erläutern, da dies den Eindruck erwecken
könnte, Sie würden die Intelligenz der Kundin oder des Kunden in Frage
stellen. Wiederholen Sie die Mehrwerte nur oberflächlich und verbinden
Sie sie mit neuen Erkenntnissen, um eine Balance zwischen Wiederholung und neuen Informationen zu schaffen.

Ein High-Performer oder eine High-Performerin weiß, dass nicht alles, was während des Verkaufsprozesses besprochen wurde, einen bleibenden Eindruck hinterlässt. Mögliche Ablehnungspunkte wurden entweder bereits behandelt oder sind neu aufgekommen. In beiden Fällen sollten Sie diese ansprechen und klären. Nachdem alle Punkte besprochen wurden, vereinbaren Sie einen weiteren Termin und, falls nötig, weitere Folgetermine, bis zur erfolgreichen Vertragsunterzeichnung.

Zeit ist Ihr größter Verbündeter. Je mehr Zeit Sie mit der Kundin oder dem Kunden verbringen und deren oder dessen Bedürfnisse verstehen, desto größer wird deren oder dessen Akzeptanz für Sie und Ihre Lösungen. Mit zunehmender Vertrautheit werden Ihre Angebote für die Kundin oder den Kunden attraktiver und akzeptabler. Durch Geduld und Professionalität schaffen Sie eine solide Grundlage für eine langfristige, positive Beziehung, was letztendlich zum erfolgreichen Vertragsabschluss führen kann. Die Budgetentscheiderin oder der Budgetentscheider könnte Bedenken entwickeln, ob die richtige Entscheidung getroffen wurde. Nach weiteren Gesprächen wird sie oder er jedoch erkennen, dass Ihre Ansprechperson Expertin oder Experte auf ihrem oder seinem Gebiet ist und nicht als Hindernis für die Zusammenarbeit gesehen werden möchte.

Die Ansprechperson bleibt eine Schlüsselfigur und hat die Aufgabe, die richtigen Argumente und Informationen zu liefern, um die Vorteile Ihrer Lösung zu unterstreichen. Sie oder er muss selbst von den Stärken Ihrer Lösung überzeugt sein und als Ihre Verbündete oder Ihr Verbündeter im Kundenunternehmen fungieren, um die Entscheidung zu unterstützen, die Lösung zu kaufen.

Durch enge Zusammenarbeit mit der Ansprechperson und deren oder dessen Unterstützung können Sie die Sorgen der Budgetentscheiderin oder des Budgetentscheiders lindern und letztendlich eine erfolgreiche Zusammenarbeit und Vertragsunterzeichnung erreichen.

Es ist wichtig, die Kommunikation aufrechtzuerhalten und jegliche Bedenken anzusprechen, um ein Vertrauensverhältnis aufzubauen und den Verkauf zu einem erfolgreichen Abschluss zu bringen. Ein High-Performer oder eine High-Performerin vermeidet es, unangenehme Situationen im Nachgespräch zu provozieren, da die Ansprechperson eine entscheidende Verbindung zum Kundenunternehmen darstellt und für den Erfolg des Verkaufsprozesses wichtig ist.

> Es werden fortlaufend Folgetermine angesetzt – bis zum erfolgreichen Abschluss des Kaufs.

Die Häufigkeit der Folgetermine ist variabel und hängt von verschiedenen Faktoren ab. Potenzielle Neukundinnen und Neukunden verschieben diese Termine häufig oder nehmen gelegentlich nicht daran teil, abhängig von der Priorität, die ihrem Thema beigemessen wird. In den Zwischenphasen können Sie Kontakt halten und aktuelle Daten präsentieren, um die Kundin oder den Kunden auf dem Laufenden zu halten. Durch regelmäßigen Kontakt und Bereitstellung relevanter Daten sichern Sie die Aufmerksamkeit der Kundin oder des Kunden und erhöhen die Wahrscheinlichkeit eines erfolgreichen Vertragsabschlusses. Behalten Sie die Bedürfnisse und Prioritäten der Kundin oder des Kunden stets im Blick, um den Verkaufsprozess effizient und zielgerichtet voranzutreiben.

Eine langfristige Beziehung zur Kundin oder zum Kunden aufzubauen ist von großer Bedeutung. Ein kontinuierlicher Austausch und regelmäßige Updates zeigen Ihr Engagement und Interesse an den Bedürfnissen der Kundin oder des Kunden. Durch das Teilen zusätzlicher Informationen und Erfolgsgeschichten wird die Effektivität Ihrer Lösung weiter untermauert. Halten Sie sich über die aktuellen Entwicklungen und Trends in der Branche der Kundin oder des Kunden auf dem Laufenden, um stets relevante Argumente und passende Lösungen anbieten zu können. Dies stärkt das Vertrauen der Kundin oder des Kunden in Ihr Unternehmen und zeigt Ihr Engagement. Im Fokus stehen stets die Interessen der Kundin oder des Kunden und der Aufbau einer partnerschaftlichen Zusammenarbeit. Durch kontinuierliches Lernen und Anpassung an die Bedürfnisse der Kundin oder des Kunden werden Sie zu einem verlässlichen Partner oder einer verlässlichen Partnerin und schaffen so die Grundlage für gemeinsamen Erfolg.

Während der Folgetermine sollten Sie nicht nur die Entscheidungsträgerinnen und Entscheidungsträger, sondern auch andere Stakeholder im Unternehmen berücksichtigen. Diverse Abteilungen haben unterschiedliche Schwerpunkte und Bedenken. Durch das Verstehen und Ansprechen ihrer individuellen Perspektiven steigern Sie Ihre Chancen, umfassende Unterstützung für Ihre Lösung zu generieren. Das richtige Timing spielt ebenfalls eine wichtige Rolle. In Situationen, in denen die Kaufentscheidung vielleicht nicht optimal ist, ist Geduld erforderlich. Halten Sie in solchen Fällen die Kommunikation aufrecht und bleiben Sie präsent, ohne aufdringlich zu wirken.

Schaffen Sie flexible Angebote, die sich an die aktuellen Bedürfnisse der Kundin oder des Kunden anpassen und ihr oder ihm die Möglichkeit bieten, später auf umfangreichere Lösungen zu wechseln. Dies ermöglicht es der Kundin oder dem Kunden, das Angebot nach ihren oder seinen jeweiligen Anforderungen zu gestalten und stärkt das Vertrauen in Ihr Unternehmen. Indem Sie den richtigen Zeitpunkt abwarten und das Tempo der Kundin oder des Kunden respektieren, zeigen Sie Professionalität und Engagement und legen den Grundstein für eine langfristige, erfolgreiche Zusammenarbeit.

Vertrauen und Glaubwürdigkeit sind entscheidende Faktoren im Verkaufsprozess. Je mehr die Kundin oder der Kunde Sie als zuverlässige und kompetente Partnerin oder Partner wahrnimmt, desto stärker wird das Interesse an einer langfristigen Geschäftsbeziehung. Seien Sie in Ihren Absichten transparent und bemühen Sie sich um eine offene und ehrliche Kommunikation. Zeigen Sie Verständnis für die Bedenken und Herausforderungen der Kundin oder des Kunden und bieten Sie maßgeschneiderte Lösungen an, die einen realen Mehrwert bieten.

Durch diesen Ansatz sichern Sie nicht nur den Abschluss eines Verkaufs, sondern legen auch die Grundlage für eine langfristig erfolgreiche und nachhaltige Zusammenarbeit. Ihre Bemühungen werden belohnt, und Sie können langfristig von der geschaffenen Kundenbindung profitieren. Durch die Investition in eine partnerschaftliche Beziehung und das Verständnis der Bedürfnisse Ihrer Kundinnen und Kunden schaffen Sie eine vertrauensvolle und langfristige Verbindung, die sich positiv auf zukünftige Geschäfte auswirken wird. Dieser strategische Ansatz erhöht nicht nur den Erfolg der aktuellen Zusammenarbeit, sondern trägt auch zum Wachstum und zur Stabilität Ihres Unternehmens bei.

4.2   Zwischen den Nachfolgeterminen

Wenn Sie zwischen den geplanten Terminen spontan Kontakt zu potenziellen Kundinnen und Kunden aufnehmen möchten, ist es ratsam, neue
Informationen oder aktuelle Entwicklungen als Gesprächsstarter zu nutzen. Diese können die Aufmerksamkeit der Kundinnen und Kunden er-
regen und sie auf ihre aktuelle Situation sowie Veränderungen in ihrem
Umfeld hinweisen. Durch das Bereitstellen relevanter Updates und Einblicke in die neuesten Entwicklungen zeigen Sie Ihr Engagement und Ihr
Verständnis für die Bedürfnisse der Kundschaft. Dies hilft, Vertrauen
aufzubauen und eine positive Beziehung zu fördern.

Die Informationen, die Sie teilen, können Änderungen im Angebot
oder der Nachfrage der Kundschaft betreffen, die möglicherweise zu
einer Entscheidung führen könnten. Es ist wichtig, diese neuen Informationen klar und präzise zu präsentieren, um die Dringlichkeit und Relevanz für die Kundin oder den Kunden zu verdeutlichen. Stellen Sie sicher, dass Sie die Bedeutung dieser Updates deutlich kommunizieren
und die Auswirkungen auf das Geschäft der Kundin oder des Kunden
hervorheben. Eine überzeugende und präzise Darstellung der neuen Entwicklungen kann die Kundschaft motivieren, jetzt zu handeln und eine
Entscheidung zu treffen.

Eine erfolgreiche Verkäuferin oder ein erfolgreicher Verkäufer wird
immer einen klaren Grund für die spontane Kontaktaufnahme vor dem
nächsten geplanten Termin kommunizieren. Dieser Grund basiert darauf, dass sich bedeutende Veränderungen ergeben haben, die es notwendig machen, sofort mit der Kundin oder dem Kunden zu sprechen. Diese
Veränderungen werden durch eine gut strukturierte und klare Zusammenfassung untermauert, die die Kundin oder den Kunden an die wichtigsten Punkte erinnert und ihr oder ihm hilft, die neuen Informationen
zu verstehen und sinnvoll zu nutzen. Durch klare Kommunikation und
das Hervorheben der Bedeutung dieser Updates für die Kundschaft erhöhen Sie die Wahrscheinlichkeit, dass die Informationen ernst genommen
und die Entscheidungsfindung beschleunigt wird.

Wenn eine potenzielle Kundin oder ein potenzieller Kunde Ihr Angebot nicht innerhalb der vereinbarten Frist unterzeichnet und retourniert

hat, bedeutet das nicht, dass Sie aufgeben und den verlorenen Umsatz bedauern sollten. Möglicherweise hat die Kundin oder der Kunde es einfach vergessen oder andere Aufgaben haben plötzlich eine höhere Priorität bekommen. Es gibt vielfältige Gründe für eine Verzögerung der Entscheidungsfindung, wie beispielsweise interne Umstrukturierungen, geänderte Budgetvorgaben oder neue Unternehmensprioritäten. In solchen Fällen kann es hilfreich sein, vor einem fest eingeplanten Termin Kontakt aufzunehmen und das Gespräch mit einem passenden Aufhänger zu beginnen. Dadurch zeigen Sie Engagement und Interesse an der Zusammenarbeit und erhalten vielleicht neue Informationen über die aktuelle Situation der Kundin oder des Kunden. Durch eine offene und kommunikative Herangehensweise können Sie die Bedürfnisse der Kundschaft besser verstehen und eine flexible Lösung anbieten, die sich an die aktuelle Situation anpasst. Halten Sie den Dialog aufrecht und bleiben Sie beständig, um eine langfristige und erfolgreiche Partnerschaft aufzubauen.

Es kann zusätzlich von Vorteil sein, der Kundschaft alternative Lösungen oder angepasste Angebote vorzuschlagen, die besser auf ihre veränderten Bedürfnisse und Prioritäten eingehen. Ein proaktives und kundenorientiertes Vorgehen kann oft den Ausschlag geben und dazu führen, dass sich die Kundin oder der Kunde letztendlich doch für Ihr Angebot entscheidet, auch wenn dieser Prozess länger dauert als ursprünglich erwartet. Indem Sie die Bedürfnisse und Anforderungen Ihrer Kundinnen und Kunden berücksichtigen und auf sie eingehen, stärken Sie das Vertrauen und die Zufriedenheit und schaffen so die Voraussetzungen für eine langfristige und erfolgreiche Zusammenarbeit.

4.3 Was tun, wenn der Kunde den Auftrag nicht erteilt?

Falls Ihre Kundin oder Ihr Kunde den Auftrag nicht innerhalb der vorgegebenen Frist erteilt, empfiehlt es sich, noch am selben Tag freundlich und professionell Kontakt mit Ihrer Ansprechperson aufzunehmen. Rufen Sie an und teilen Sie mit, dass Sie bisher keinen Auftrag erhalten haben. Bitten Sie höflich um Informationen, ob Sie weiterhin auf den Auftrag warten sollten. Achten Sie darauf, dass Ihre Kommunikation stets professionell und respektvoll bleibt, um die Beziehung zur Kundin oder zum Kunden nicht zu belasten. Durch eine aufrichtige und einfühlsame Herangehensweise zeigen Sie, dass Ihnen eine gute Zusammenarbeit und eine langfristige Partnerschaft wichtig sind. Dies trägt dazu bei, Vertrauen aufzubauen und eine offene Kommunikation zu fördern, die für beide Seiten von Vorteil ist.

Wenn am selben Tag keine Auftragserteilung erfolgt, fragen Sie nach den Gründen. Diese Informationen sind wertvoll für Ihre weiteren Gespräche, da sie Ihnen helfen, potenzielle Bedenken oder Hindernisse zu identifizieren. Es könnte sein, dass interne Prozesse bei der Kundin oder beim Kunden länger dauern oder bestimmte Informationen noch fehlen. Bedanken Sie sich bei Ihrer Ansprechperson für die Mühe und Zeit und betonen Sie, dass Sie davon ausgehen, dass die Auftragserteilung früher oder später erfolgen wird. Stützen Sie diese Aussage mit den Daten und Auswertungen, die für Ihr Angebot sprechen, und heben Sie hervor, dass es vermutlich nur eine Frage des richtigen Zeitpunkts ist. Durch eine konstruktive und optimistische Einstellung zeigen Sie Ihren Kundinnen und Kunden, dass Sie an einer positiven Lösung interessiert sind und eine gute Zusammenarbeit schätzen. Dies stärkt die Beziehung zu Ihrer Kundschaft und baut Vertrauen auf, was langfristig für beide Seiten von Vorteil ist.

Fassen Sie die bisherigen Gesprächsergebnisse kurz zusammen und bestätigen Sie die gemeinsame Einschätzung der nächsten Schritte. Dies zeigt Ihrer Kundschaft, dass Sie aufmerksam und zuverlässig sind und hilft, Missverständnisse zu vermeiden. Eine solche Zusammenfassung ermöglicht es der Kundin oder dem Kunden, die bisherige Kommunikation besser nachzuvollziehen und eine klare Vorstellung von den nächsten Schritten zu bekommen. Durch eine präzise und übersichtliche Zusammenfassung signalisieren Sie Professionalität und stärken das Vertrauen in Ihre Zusammenarbeit. Dies schafft eine solide Basis für weitere Gespräche und erhöht die Wahrscheinlichkeit, dass sich Ihre Kundschaft für eine gemeinsame Lösung entscheidet.

Vereinbaren Sie einen neuen Termin nach demselben Muster wie in Abschn. 4.1. Planen Sie den Folgetermin so, dass Ihre Kundschaft ausreichend Zeit hat, eventuelle interne Klärungen oder Entscheidungen zu treffen. Beim Abschluss des Termins sollte entweder der Auftrag erteilt werden oder ein weiterer Folgetermin vereinbart werden. Achten Sie darauf, dass ein Folgetermin nicht mit einer umfangreichen Präsentation endet, da dies Ihre Kundschaft überfordern oder den Eindruck erwecken könnte, dass Sie ihre Zeit nicht respektieren. Stattdessen konzentrieren Sie sich auf klare und kurze Zusammenfassungen und ermöglichen so einen effizienten und produktiven Dialog.

Nutzen Sie die Folgetermine, um Ihrer Kundschaft die wichtigsten Punkte und Ihre Lösungen noch einmal klar und verständlich zu präsentieren. Bedienen Sie sich visueller Hilfsmittel oder konkreter Beispiele, um Ihre Argumente anschaulicher und einprägsamer zu machen. Wiederholen Sie die wesentlichen Argumente und Zusammenfassungen regelmäßig, sodass Ihre Kundschaft sie leichter im Gedächtnis behalten kann. Nutzen Sie diese Gelegenheiten auch, um auf neue Entwicklungen oder zusätzliche Vorteile Ihrer Lösung hinzuweisen, von denen Ihre Kundschaft bisher möglicherweise noch nichts wusste. Durch eine solche Vorgehensweise stärken Sie die Wahrnehmung Ihres Angebots und schaffen weitere Anreize für eine positive Entscheidung.

4.4   Der Abschluss

Nachdem Ihre Kundin oder Ihr Kunde die Entscheidung für einen Kauf getroffen hat, liegt es an Ihnen, den Auftrag zu platzieren. Möglicherweise versucht die Kundschaft, den Preis zu senken oder möglichst wenig zu bestellen. In dieser Situation ist es wichtig, geschickt vorzugehen. Ihre Aufgabe besteht darin, das für die Kundin oder den Kunden optimale Mengenangebot zu präsentieren und sie oder ihn davon zu überzeugen, dass ein größeres Kaufvolumen letztendlich zu ihrem oder seinem Vorteil ist. Nutzen Sie klare Argumente und praktische Beispiele, um Vertrauen aufzubauen und den Mehrwert nachvollziehbar zu machen. Zeigen Sie, wie ein höheres Volumen zu besseren Einzelpreisen und damit zu Kosteneinsparungen führen kann. Auf diese Weise wird es Ihrer Kundin oder Ihrem Kunden leichter fallen, die Vorteile einer größeren Bestellung zu erkennen und sich für ein höheres Kaufvolumen zu entscheiden.

Jetzt kommt es darauf an, die Kaufentscheidung zu nutzen. Anstatt die Kundin oder den Kunden einfach nach den gewünschten Einkaufsvolumen zu fragen, sollten Sie sich auf Ihre Erfahrungswerte, Beispiele und Hochrechnungen stützen, um zu erklären, welche Mengen für sie oder ihn optimal wären, wie im Abschn. 3.5.2 dargestellt. Beginnen Sie mit einer größeren Menge, da die Kundschaft wahrscheinlich versuchen wird, diese zu reduzieren. Nachdem Sie sich auf eine bestimmte Menge oder Summe geeinigt haben, fragen Sie die Kundin oder den Kunden noch einmal, ob diese für sie oder ihn in Ordnung ist und ob sie oder er sich damit wohl fühlt. Es ist entscheidend, dass die Kundschaft sich verstanden und gut beraten fühlt. Seien Sie daher flexibel bei der Anpassung Ihrer Vorschläge, um eventuelle Bedenken zu adressieren und gemeinsam eine befriedigende Lösung zu finden. Dies trägt dazu bei, dass Ihre Kundin oder Ihr Kunde zufrieden ist und Ihre Lösung als die beste Option betrachtet.

Eine erfolgreiche Verkäuferin oder ein erfolgreicher Verkäufer orientiert sich immer an einer Untergrenze für die Kundschaft. Wenn Ihre Ansprechpartnerin oder Ihr Ansprechpartner diese Untergrenze akzeptiert und mitteilt, dass diese Menge unbedingt benötigt wird, wird sie es auch an die Budgetentscheiderin oder den Budgetentscheider so weitergeben. Es handelt sich hierbei um subjektive Mengen, die von der Ansprechpartnerin oder dem Ansprechpartner abgeleitet und von der Verkäuferin oder dem Verkäufer festgelegt werden, um die Ansprechpartnerin oder den Ansprechpartner in die Lage zu versetzen, diese gegenüber der Budgetentscheiderin oder dem Budgetentscheider zu vertreten. Es ist wichtig, dass diese Untergrenze realistisch und gleichzeitig attraktiv genug ist, um als Mindestabnahme durchgesetzt zu werden. Dies schafft eine solide Basis für die Verhandlungen und erhöht die Wahrscheinlichkeit, dass ein größeres Auftragsvolumen genehmigt wird. Indem Sie eine angemessene Untergrenze definieren, unterstützen Sie Ihre Ansprechpartnerin oder Ihren Ansprechpartner bei der Kommunikation mit der Budgetentscheiderin oder dem Budgetentscheider und tragen so zu einer erfolgreichen Verhandlung bei. Dies fördert das Vertrauen und die Zusammenarbeit zwischen allen Beteiligten und erhöht die Chance auf eine positive Entscheidung für ein größeres Auftragsvolumen.

Wenn die Entscheidung negativ ausfällt, sollten Sie sie nicht einfach akzeptieren, sondern versuchen, aus diesem Nein ein Später zu machen. Ihre Ansprechpartnerin oder Ihr Ansprechpartner könnte frustriert sein, da die Budgetentscheiderin oder der Budgetentscheider die Absage entschieden hat. Seien Sie daher vorsichtig und zeigen Sie Ihrer Ansprechpartnerin oder Ihrem Ansprechpartner Optionen auf. Betonen Sie, dass diese Entscheidung nicht endgültig ist und sich unter veränderten Umständen in eine Zustimmung verwandeln kann. Erörtern Sie die Vorteile einer späteren Anschaffung und bieten Sie konkrete Lösungsansätze an, wie diese Umstände geändert werden könnten. Halten Sie den Kontakt aufrecht, um die Kundschaft langfristig zu binden und ihr das Gefühl zu vermitteln, dass sie bei Ihnen stets bestens beraten ist. Durch eine solche Vorgehensweise demonstrieren Sie Ihr Engagement und Ihre Verpflichtung gegenüber Ihrer Kundschaft, was zu einer positiven Beziehung und einer erfolgreichen Zusammenarbeit im Laufe der Zeit beiträgt. Durch eine kluge und behutsame Reaktion auf eine negative Entscheidung tragen Sie dazu bei, dass Ihre Kundschaft weiterhin an Ihre Lösung glaubt und offen für zukünftige Möglichkeiten der Zusammenarbeit bleibt.

Weitere Informationen zu Ihren Optionen im Falle einer negativen Entscheidung finden Sie im Abschn. 4.5. Dieser nun folgende Abschn. bietet Ihnen hilfreiche Anleitungen, wie Sie im Fall einer Ablehnung reagieren können und was Sie tun können, um die Situation zu verbessern. Er enthält wertvolle Tipps und Strategien, die Ihnen helfen werden, aus einer negativen Entscheidung das Beste zu machen und die Chancen für zukünftige Erfolge zu steigern.

4.5   Aus einem Nein ein Später machen

Aufgrund Ihrer gründlichen Recherche, Ihres überzeugenden Termin-Pitches und Ihrer Präsentation basierend auf Kaufmotiven haben Sie die Ansprechpartnerin oder den Ansprechpartner motiviert, sich voll einzusetzen. Diese Person hat sich daraufhin dazu entschlossen, die Budgetentscheiderin oder den Budgetentscheider von Ihrer Lösung zu überzeugen. Dieser erste Versuch wird jedoch nicht immer sofort erfolgreich sein, da intern oft komplexe und vielschichtige Prozesse eine Rolle spielen.

Trotzdem ist es von entscheidender Bedeutung, Ihre Ansprechpartnerin oder Ihren Ansprechpartner zu unterstützen und weiterhin aktiv zu bleiben, um die Chancen für eine erfolgreiche Umsetzung Ihres Produkts zu erhöhen. Durch eine solide Grundlage im Kaufprozess und die gezielte Bereitstellung relevanter Argumente und Informationen für Ihre Ansprechpartnerin oder Ihren Ansprechpartner schaffen Sie die Voraussetzungen dafür, dass Ihre Lösung als die optimale Wahl wahrgenommmen wird.

Es ist wichtig zu berücksichtigen, dass die Ansprechpartnerin oder der Ansprechpartner weiterhin auf Ihrer Seite steht, auch wenn die Auftragsvergabe nicht sofort erfolgt. Allerdings kann es vorkommen, dass diese Person anfänglich entmutigt ist, da die Budgetentscheiderin oder der Budgetentscheider Widerstand zeigt. In solch einer Situation sind Sie gefragt, die Ansprechpartnerin oder den Ansprechpartner weiterhin zu motivieren und mental zu unterstützen. Zunächst müssen Sie die genauen Gründe für die Ablehnung aufdecken. Häufig wird Ihnen mitgeteilt, dass das Unternehmen einfach noch nicht bereit ist – eine normale Reaktion, die Sie nicht entmutigen lassen sollte. Ihre Aufgabe besteht nun darin, weiterhin zu informieren und Ihre eigene Motivation aufrechtzuerhalten. Durch eine tiefgehende Analyse der Gründe für die Ablehnung können Sie einen besseren Einblick in die internen Abläufe des Unternehmens gewinnen und gezielter auf die Bedürfnisse und Einschätzungen der Entscheidungsträgerinnen und Entscheidungsträger eingehen. Indem Sie Ihre Ansprechpartnerin oder Ihren Ansprechpartner unterstützen und weiterhin motivieren, tragen Sie dazu bei, dass die Vertrauensbasis und der Wille zur Zusammenarbeit erhalten bleiben.

Stellen Sie gezielte Fragen, um zu klären, ob eine Verschiebung des Budgetgesprächs unter Berücksichtigung der internen Vorgaben des Unternehmens sinnvoller wäre. Sollte die Antwort positiv ausfallen, klären Sie, in welchen Quartalen die jeweiligen Budgetrunden stattfinden. Es ist ebenfalls wichtig, zu ermitteln, ob für das gesamte nächste Jahr oder für jedes Quartal einzeln geplant wird. Notieren Sie die Antworten und bleiben Sie engagiert, um der Ansprechpartnerin oder dem Ansprechpartner alle nötige Unterstützung zu bieten. Jede Information, die Sie erhalten, ist wertvoll, unabhängig davon, wann die Budgetrunden stattfinden. Durch eine genaue Einschätzung der internen Planung des

Unternehmens und eine gezielte Unterstützung Ihrer Ansprechpartnerin oder Ihres Ansprechpartners tragen Sie dazu bei, dass die Chancen für eine positive Entscheidung in Zukunft steigen. Indem Sie den Entscheidungsprozess der Budgetverantwortlichen verstehen und sich entsprechend positionieren, können Sie die Strategie für Ihr Produkt anpassen und die besten Voraussetzungen für eine erfolgreiche Umsetzung schaffen.

> Ein High-Performer oder eine High-Performerin akzeptiert ein vorübergehendes Nein und verwandelt es geschickt in eine zukünftige Kaufentscheidung.

Diese Methode basiert auf der Annahme, dass jede Antwort der Ansprechpartnerin oder des Ansprechpartners als richtig akzeptiert wird. Unabhängig davon, welchen Zeitpunkt diese Person nennt, behauptet der High-Performer oder die High-Performerin, dass dieser Zeitpunkt ideal ist und ein maßgeschneidertes Angebot genau in diesem Zeitraum gelten wird. Durch diese Strategie wird der offizielle Zeitplan durch ein individuelles Angebot unterstrichen und die Kostenkomponente in Relation gesetzt. Sie sind nun im Bilde, wann und wie Sie beim nächsten Gespräch vorgehen werden. Eine anfängliche Absage wird somit in einen späteren Versuch transformiert, der Ihnen den Vorteil bietet, nicht von vorne anfangen zu müssen, sondern auf bereits bestehenden Rahmenbedingungen aufbauen zu können. Dieser Ansatz zeichnet erfolgreiche Verkäuferinnen und Verkäufer aus und ermöglicht es ihnen, durch Zielstrebigkeit und Engagement auch aus anfänglichen Rückschlägen eine erfolgreiche Lösung zu generieren und das Vertrauen der Kundschaft zu gewinnen.

Wenn Sie alle bisherigen Schritte erfolgreich umgesetzt haben, haben Sie Ihren Verkaufsprozess optimiert und damit den Grundstein für Ihren Erfolg gelegt. Dies ist die Basis für Ihren Status als High-Performer oder High-Performerin im Neukundenvertrieb und hilft Ihnen, diesen Status zu erlangen und langfristig zu festigen. Durch die Anwendung dieser Methoden und Strategien haben Sie Ihre Fähigkeiten im Verkaufsprozess gestärkt und sich einen Wettbewerbsvorteil geschaffen, der Sie zu einer erfolgreichen Verkäuferin oder einem erfolgreichen Verkäufer macht. Ihr Engagement und Ihre Zielstrebigkeit werden Sie dabei unterstützen, anspruchsvolle Verkaufssituationen zu meistern und Ihr Potenzial im Neukundenvertrieb voll auszuschöpfen.

Ein weiterer entscheidender Faktor für langfristigen Erfolg ist die kontinuierliche Bewertung des Potenzials und die präzise Prognose von Umsätzen für zukünftige Zielperioden, die wir in Kap. 6 behandeln werden. Dieses Thema ist von großer Bedeutung, da es Ihnen ermöglicht, nicht nur durch aktuelle Umsätze zu überzeugen, sondern auch durch genaue Umsatzprognosen auf längere Sicht. Auf diese Weise werden Sie zu einer verlässlichen und wertvollen Partnerin oder einem verlässlichen und wertvollen Partner für Ihr Unternehmen, dessen strategische Bedeutung kontinuierlich zunimmt. Durch die Entwicklung präziser Prognosen und eine stetige Bewertung des Potenzials tragen Sie dazu bei, dass Ihr Unternehmen zukunftsorientiert agieren und seine Position im Markt stärken kann.

> **Weiterführende Fragen/Checkliste**
>
> - Was ist das Hauptziel des Folgegesprächs?
> - Welche Faktoren beeinflussen die endgültige Entscheidung über den Vertragsabschluss?
> - Welche Maßnahmen sollten bis zum Zeitpunkt des Folgegesprächs bereits ergriffen worden sein?
> - Welche Bedeutung hat die Qualität der bisherigen Präsentation und Zusammenfassung für den Vertragsabschluss?
> - Wie sollte ein High-Performer oder eine High-Performerin während des Folgegesprächs agieren?

5

Die Menschenbilder

Dieses Kapitel widmet sich der ersten Phase des Analyseteils des Temperament-Sales-Modells und befasst sich mit der korrekten Einschätzung von Persönlichkeitstypen und deren Temperament. Dies ist nicht nur für die aktive Kundenansprache hilfreich, sondern auch für die Erstellung genauer Umsatzprognosen von großem Nutzen. In diesem Kapitel wird ein System vorgestellt, mit dem Sie mögliche Fehlerquellen in den Zusagewerten Ihrer Gesprächspartnerinnen und Gesprächspartner identifizieren und Ihre Prognosen optimieren können. Erfahren Sie, wie Sie verschiedene Persönlichkeitstypen erkennen und ihre Vorlieben und Verhaltensmuster im Verkaufsprozess nutzen können. Lernen Sie, wie Sie kleine Anzeichen im Verhalten Ihrer Kundinnen und Kunden deuten und sie für Ihre Prognosen berücksichtigen. Dieses Kapitel bietet Ihnen eine fundierte Grundlage, um die Chancen für einen erfolgreichen Verkauf realistisch einzuschätzen und Ihre Umsatzplanung kontinuierlich zu verbessern (Abb. 5.1).

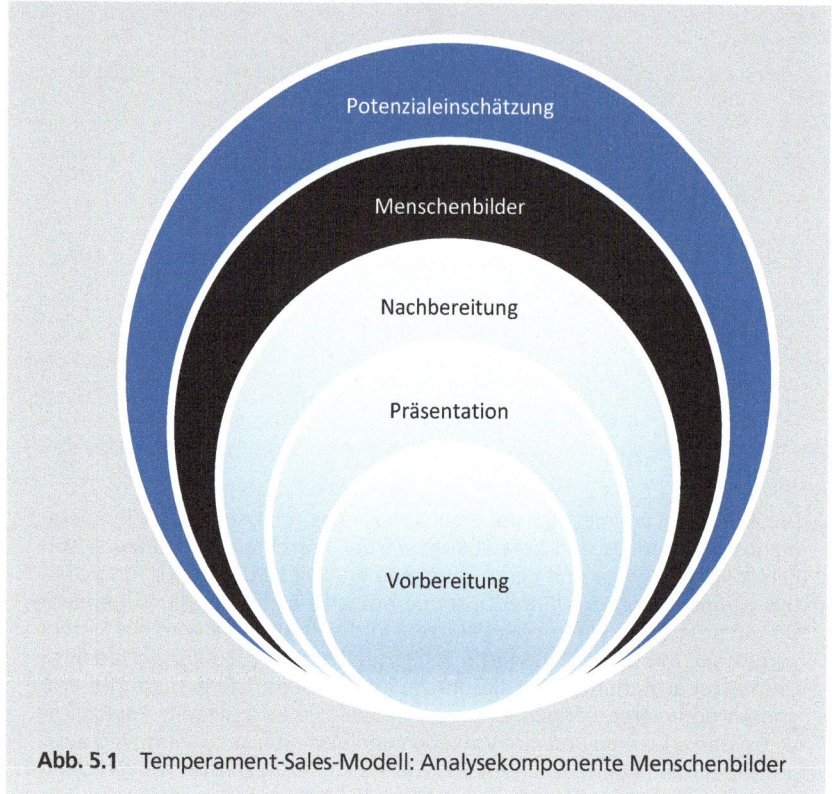

Abb. 5.1 Temperament-Sales-Modell: Analysekomponente Menschenbilder

Die richtige Einschätzung von Persönlichkeitstypen ist nicht nur nützlich für die individualisierte Ansprache im Verkaufsgespräch, sondern auch für die Erstellung präziser Umsatzprognosen. In diesem Abschnitt wird ein umfassendes System vorgestellt, das Ihnen hilft, potenzielle Fehlerquellen bei der Einschätzung von Zusagen Ihrer Ansprechpersonen zu identifizieren und Ihre Prognosen zu verbessern.

Sie werden lernen, verschiedene Persönlichkeitstypen zu identifizieren und deren spezifische Vorlieben und Verhaltensmuster im Verkaufsprozess zu nutzen. Dazu gehört die Fähigkeit, subtile Hinweise im Verhalten Ihrer Ansprechpersonen zu deuten und diese Erkenntnisse gezielt in Ihre Verkaufsstrategie zu integrieren. Diese Feinheiten können entscheidend sein, um deren tatsächliche Kaufabsichten zu erkennen und realistische Prognosen zu erstellen. Sie werden erlernen, wie Sie diese Verhaltenssignale systematisch analysieren und in Ihre Umsatzprognosen einbeziehen können.

Durch die bedachte Wahrnehmung der individuellen Temperamente Ihrer Kundinnen und Kunden können Sie Ihre aktive Ansprache gezielt anpassen und so die Erfolgsaussichten Ihrer Verkaufsbemühungen deutlich verbessern.

Dieses Kapitel bietet Ihnen eine solide Basis, um die Chancen für einen erfolgreichen Verkauf realistisch einschätzen und Ihre Umsatzplanung kontinuierlich verbessern zu können. Durch die Anwendung der vorgestellten Techniken und Methoden können Sie nicht nur die Genauigkeit Ihrer Prognosen erhöhen, sondern auch Ihre Fähigkeit verbessern, sich flexibel auf verschiedene Persönlichkeitstypen einzustellen und deren Erwartungen zu erfüllen.

Erfahren Sie, wie Sie durch eine tiefgehende Analyse der Persönlichkeitstypen Ihrer Ansprechpersonen eine individuelle Verkaufsstrategie entwickeln können. Diese personalisierte Herangehensweise ermöglicht es Ihnen, Vertrauen aufzubauen und langfristige Kundenbeziehungen zu fördern. Zudem lernen Sie, wie Sie die gewonnenen Einsichten nutzen können, um Ihre Umsatzprognosen kontinuierlich zu verbessern und so eine solide Basis für Ihre strategische Planung und Ihren langfristigen Geschäftserfolg zu schaffen.

Insgesamt bietet dieses Kapitel hilfreiche Einsichten und praktische Werkzeuge, die Ihnen dabei helfen werden, Ihre Verkaufsergebnisse zu optimieren, indem Sie Ihr Verständnis der Persönlichkeitstypen und ihrer Auswirkungen auf das Kaufverhalten verbessern. Die zentrale Bedeutung von bedachter Empathie und Sensibilität in Bezug auf die Erkennung des Temperaments Ihres Gesprächspartners sowie aktiver emotionaler Verbindung im Verkaufsgespräch wird noch einmal betont.

5.1 Differenzierung und Segmentierung

Zur Maximierung des Erfolgs Ihrer Verhandlungen ist es von entscheidender Bedeutung, die unterschiedlichen Menschenbilder zu verstehen und die damit verbundenen Fehlerwahrscheinlichkeiten in den Zusagewerten korrekt einzuschätzen. Da jede Person einzigartig ist, muss die Bewertung der Wahrscheinlichkeit, dass eine Zusage tatsächlich in einen Vertrag mit Neukunden mündet, individuell vorgenommen werden. Als „Zusagewerte" werden die Umsätze bezeichnet, die Ihre Gesprächspartner in einer ersten, unverbindlichen Absichtserklärung in Aussicht stellen. Die „Fehlerwahrscheinlichkeiten in den Zusagewerten" umfassen die Ungewissheiten, die sich aus den spezifischen Charaktereigenschaften Ihrer Gesprächspartner ergeben. Diese Aspekte haben einen Einfluss darauf, wie realistisch es ist, dass der genannte Zusagewert in den tatsächlichen Umsatz einfließen kann, und sollten daher in Ihre Planungen einbezogen werden.

Durch die Berücksichtigung der Unterschiede zwischen den Menschen und ihrer individuellen Fehlerwahrscheinlichkeiten in den Zusagewerten können Sie als Verkäufer oder Verkäuferin gezielter auf die Bedürfnisse und Eigenschaften Ihrer Kunden oder Kundinnen eingehen. Diese individualisierte Betrachtung ist von entscheidender Bedeutung, da jede Person einzigartige Bedürfnisse und Eigenschaften aufweist. Indem Sie diese Aspekte berücksichtigen, können Sie Ihre Verkaufsstrategie anpassen und so Ihren Erfolg steigern.

Jede Kundin und jeder Kunde hat individuelle Bedürfnisse, Präferenzen und Erwartungen, die für den Aufbau erfolgreicher Geschäftsbeziehungen berücksichtigt werden müssen. Es ist natürlich möglich, eine uniforme Methode zu entwickeln und diese auf alle potenziellen Kundinnen und Kunden gleichermaßen anzuwenden, um zu sehen, wo Erfolge erzielt werden können. Aber wäre es nicht effizienter und erfolgreicher, wenn Sie als Verkäufer oder Verkäuferin jedem „Garten" einen passenden Dünger und verschiedene Bewässerungsmethoden anbieten würden?

> Es ist völlig in Ordnung, sich auf das Wesentliche zu beschränken. Lassen Sie alle bisherigen Optionen los und fokussieren Sie sich auf Ihr Ziel.

Ich bin sicher, dass Sie die Antwort bereits kennen. Lassen Sie uns gemeinsam eine bessere Methode finden, um Ihre Leads in Umsatz zu konvertieren. Eine bewusste Konzentration auf das Wesentliche kann Ihnen dabei helfen, Ihre Ressourcen effizienter einzusetzen und Ihre Kräfte zu bündeln. Indem Sie Ihre Ziele klar definieren und fokussiert verfolgen, können Sie Ablenkungen vermeiden und Ihre Chancen auf Erfolg verbessern. Durch die Identifikation der wichtigsten Ziele und Prioritäten können Sie als Verkäufer oder Verkäuferin besser entscheiden, wohin Sie Ihre Aufmerksamkeit und Ressourcen richten sollten. Dies hilft Ihnen, Ihre Zeit und Energie effektiv einzusetzen und kontinuierlich voranzukommen.

Durch diese Konzentration können Sie Ihre Stärken optimal ausspielen und gezielt an Ihren Schwächen arbeiten, um sich stetig weiterzuentwickeln. Diese Herangehensweise ermöglicht es Ihnen, spezifische Bedürfnisse zu erkennen und gezielt darauf einzugehen. Differenzierung und Segmentierung sind die beiden grundlegenden Mechanismen, um in unserer Welt einen Mehrwert zu generieren. Durch Differenzierung und Segmentierung können Sie als Verkäufer oder Verkäuferin Ihre Lösungen und Angebote an die Bedürfnisse Ihrer Kunden oder Kundinnen anpassen und so einen höheren Wert für sie schaffen. Diese Mechanismen helfen Ihnen dabei, Ihre Angebote besser an Ihre Zielgruppe anzupassen und Ihre Lösungen vor dem Hintergrund der unterschiedlichen Bedürfnisse und Eigenschaften Ihrer Kunden oder Kundinnen zu positionieren.

Betrachten Sie Smartphones: Warum existieren verschiedene Modelle mit unterschiedlichen Funktionen und Designs? Oder Autos: Warum gibt es unterschiedliche Marken, Modelle und Ausstattungen? Oder Gärten: Warum pflanzen wir eine Vielzahl von Blumen und Bäumen? Die Antwort ist einfach: Menschen sind Individuen und leben in einem System, das vielfältige Unterschiede aufweist. Diese Unterschiede bieten verschiedene Möglichkeiten der Segmentierung. Durch die Berücksichtigung der individuellen Bedürfnisse und Präferenzen von Kunden oder Kundinnen können Hersteller und Anbieter ihre Lösungen spezifischer anpassen und so einen höheren Mehrwert schaffen. Diese Segmentierung ermöglicht es ihnen, die Unterschiede zwischen den einzelnen Kunden oder Kundinnen zu berücksichtigen und so eine größere Auswahl an Lösungen anzubieten, die besser auf die Bedürfnisse der verschiedenen Zielgruppen zugeschnitten sind.

Diese beiden Mechanismen sind der Schlüssel zum Erfolg in Ihrem Verkaufsalltag. Sobald Sie diese Prinzipien begriffen haben, können Sie die verschiedenen Merkmale nutzen, um erfolgreich zu sein. Um ein tieferes Verständnis der verschiedenen Persönlichkeitstypen zu entwickeln und zu erlernen, wie man am besten mit ihnen kommuniziert und sie motiviert, wird Ihnen ein Farbenmodell vorgestellt. Dieses Modell hilft Ihnen, die unterschiedlichen Charaktereigenschaften und Verhaltensweisen von Menschen zu identifizieren und zu kategorisieren, sodass Sie sich optimal auf die jeweiligen Persönlichkeitstypen einstellen können. Das Farbenmodell ermöglicht es Ihnen, die vielfältigen Persönlichkeiten und Eigenschaften von Kunden oder Kundinnen zu verstehen und Ihre Kommunikation und Motivation entsprechend anzupassen. Indem Sie die verschiedenen Charaktereigenschaften und Verhaltensweisen erkennen und entsprechend reagieren, können Sie als Verkäufer oder Verkäuferin Ihre Verkaufsstrategie effektiver anwenden und Ihre Erfolgsaussichten verbessern.

Darüber hinaus werden wir den jeweiligen Zusagewerten Wahrscheinlichkeiten für Fehler zuordnen. Diese Werte geben Ihnen einen Überblick darüber, wie Sie mit möglichen Zusagen je nach Persönlichkeitstyp umgehen sollten und wie hoch die Wahrscheinlichkeit ist, dass eine gegebene Zusage nicht eingehalten wird. Die Fehlerwahrscheinlichkeiten helfen Ihnen als Verkäufer oder Verkäuferin, die Risiken einzuschätzen, die mit den unterschiedlichen Persönlichkeitstypen verbunden sind, und Ihre Verkaufsstrategie entsprechend anzupassen. Durch die Kenntnis dieser Werte können Sie gezielter auf die jeweiligen Persönlichkeitstypen eingehen und so Ihre Erfolgsaussichten erhöhen.

Durch das Zuordnen von Wahrscheinlichkeitswerten und das Verständnis der verschiedenen Persönlichkeitstypen sind Sie bestens ausgerüstet, um konstruktive Gespräche zu führen und die Effektivität Ihrer Kommunikation zu optimieren. Dies ermöglicht es Ihnen, die Methode nahtlos in Ihren Verkaufsprozess zu integrieren und praktisch umzusetzen. Sie werden in der Lage sein, Ihre Kundinnen und Kunden besser zu verstehen, ihre Bedürfnisse präziser vorherzusagen und maßgeschneiderte Lösungen anzubieten. Dies führt zu höherer Kundenzufriedenheit und erhöht Ihre Umsätze.

5.2   Vier Kategorien von Menschenbildern

Konzentrieren wir uns nun auf das Wesentliche – auf die Temperamente von Menschen, die sich über vier verschiedene Persönlichkeitstypenbestimmungen ableiten lassen: Stellen Sie sich vor, dass die Persönlichkeit Ihrer Ansprechperson durch eine bestimmte Hauptfarbe geprägt wird. Diese Hauptfarbe bestimmt die allgemeine Atmosphäre ihres Charakters und die Unterfarben ergänzen und differenzieren dieses Grundmuster. Die Hauptfarbe gibt Ihnen einen Eindruck von den grundlegenden Eigenschaften und Bedürfnissen Ihrer Ansprechperson, während die Unterfarben weitere Nuancen und Aspekte ihrer Persönlichkeit offenbaren. Indem Sie sowohl die Hauptfarbe als auch die Unterfarben berücksichtigen, erhalten Sie ein umfassenderes Bild Ihrer Ansprechperson und können Ihre Verkaufsstrategie noch effektiver anpassen, wie in Abschn. 5.3 näher erläutert (Abb. 5.2).

Jede Farbe repräsentiert dabei unterschiedliche Bedürfnisse und Eigenschaften Ihrer Ansprechperson. Es ist möglich, dass Ihre Ansprechpartner vielfältige und konträre Bedürfnismuster aufweisen, die sich in unterschiedlichen Farben widerspiegeln. Durch die Betrachtung dieser Farbsymbolik können Sie ein tieferes Verständnis für die komplexen Persönlichkeitsstrukturen Ihrer Ansprechpartner gewinnen und Ihre Verkaufsansätze noch präziser an ihre individuellen Bedürfnisse und Eigenschaften anpassen.

Wir werden nun vier Hauptfarben betrachten und zusätzlich den stärksten Unterfarbton berücksichtigen. Diese Betrachtung hilft Ihnen, die verschiedenen Bedürfnisse und Eigenschaften besser zu verstehen und Ihnen eine solide Grundlage für eine individuell zugeschnittene Ansprache zu geben. Durch die Einbeziehung des stärksten Unterfarbtons erhalten Sie ein noch differenzierteres Bild der Persönlichkeiten und können Ihre Verkaufsstrategie präziser anpassen, um die Bedürfnisse und Eigenschaften Ihrer Kunden oder Kundinnen optimal zu adressieren. Diese tiefer gehende Analyse sorgt für ein besseres Verständnis der vielfältigen Eigenschaften und Bedürfnisse, wodurch Sie Ihre Verkaufsansätze noch effektiver an die individuellen Charakteristika anpassen können.

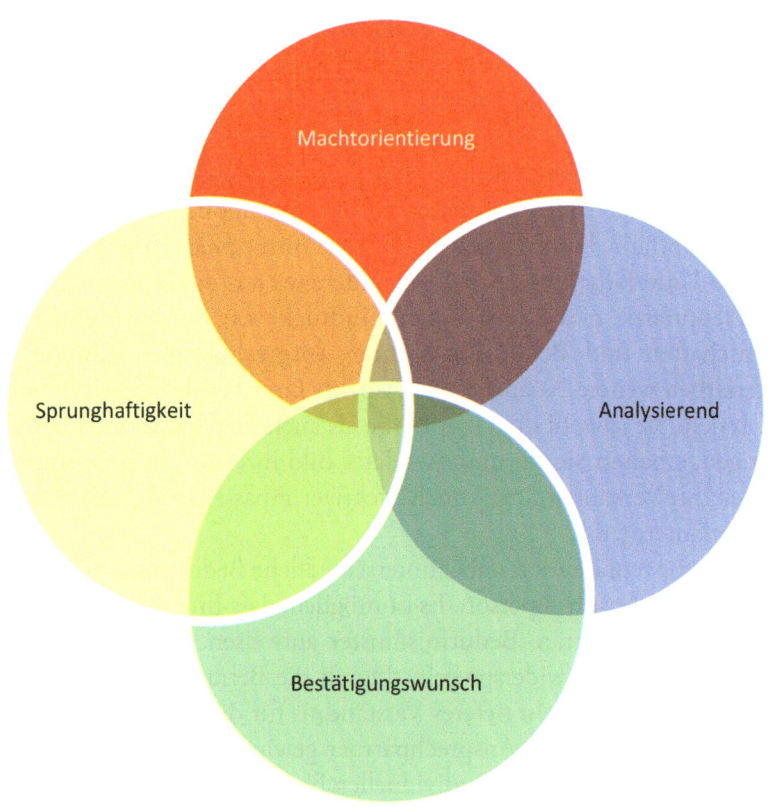

Abb. 5.2 Kategorien von Menschenbildern: Vier Hauptfarben

Die Kenntnis dieser Persönlichkeitsstrukturen ist entscheidend für Ihren Verkaufserfolg. Die Persönlichkeiten Ihrer Ansprechpartner haben sich im Laufe der Zeit entwickelt, um bestimmte Bedürfnisse zu erfüllen. Diese Bedürfnisse entstehen aus einem Mangel, der vielfältige Ursachen haben kann. Menschen formen ihre Persönlichkeit, um beispielsweise ihre Defizite zu schützen, zu kompensieren, zu verstärken oder zu analysieren. Wir werden diese Persönlichkeitsaspekte untersuchen, um den jeweiligen Mangel zu identifizieren und auf dieser Basis Ihre Kommunikationsstrategie zu entwickeln. Diese Einsicht in die zugrunde liegenden Beweggründe und Mechanismen hilft Ihnen, Ihre Verkaufsansätze an die spezifischen Bedürfnisse und Charakteristika Ihrer Ansprechpartner anzupassen und Ihre Kommunikation entsprechend zu optimieren.

Bitte bedenken Sie, dass dieser Mangel bei der jeweiligen Person sowohl tatsächlich existieren kann als auch nur als subjektives Empfinden vorliegen kann. Die Befriedigung dieses Bedürfnisses stellt für die betreffende Person einen individuellen Mehrwert dar. Das heißt, dass unabhängig davon, ob der Mangel objektiv nachweisbar ist oder lediglich subjektiv wahrgenommen wird, die Erfüllung dieses Bedürfnisses für die Person von großer Bedeutung ist. Unabhängig vom Mangel und der resultierenden Bedürfnisbefriedigung sind die Eigenschaften innerhalb der Persönlichkeit von zentraler Bedeutung für das Individuum und sollten angemessen respektiert werden. Dies bedeutet, dass die Eigenschaften, die die Persönlichkeit einer Person ausmachen, einen hohen Stellenwert für das Individuum haben und respektiert werden sollten, ganz gleich welche Bedürfnisse oder Mängel sie auch haben mögen. Als Verkäufer oder Verkäuferin ist es wichtig, diese individuellen Charakteristika zu berücksichtigen und entsprechende Rücksichtnahme in Ihre Verkaufsansätze einfließen zu lassen.

Konkret bedeutet dies, die Ansprechperson in ihrer eigenen Realität mit Ehrlichkeit und Respekt zu behandeln und ihre Wirklichkeit zu akzeptieren. Dies impliziert zugleich, dass Ihre eigene Persönlichkeit nicht überlegen, besser oder richtiger ist als die der Ansprechperson. Durch diese Haltung können Sie als Verkäuferin oder Verkäufer eine vertrauensvolle Beziehung aufbauen und Ihre Ansprechpartner nicht nur als Kunden oder Kundinnen, sondern als Individuen mit eigener Realität wahrnehmen. Diese Einstellung fördert eine offene und respektvolle Kommunikation, die zu einer erfolgreicheren Zusammenarbeit führen kann.

Durch die Anerkennung und das Respektieren der Eigenheit des Individuums können Sie als Verkäufer oder Verkäuferin eine vertrauensvolle Beziehung aufbauen. Dies ist ein essenzieller Bestandteil für einen erfolgreichen Verkaufsprozess, da eine gute Beziehung zu Ihren Kunden oder Kundinnen die Grundlage für eine effektive Kommunikation und Zusammenarbeit ist.

Sie werden Inseln in den Hauptfarben rot, blau, grün und gelb vorfinden und anschließend die kombinierten Varianten mit einer Fehlerwahrscheinlichkeit in den Zusagewerten analysieren. Diese unterschiedlichen

Farbvariationen stellen unsere Menschenbilder dar – aus denen sich jeweils das Temperament ableiten lässt. Durch die Betrachtung dieser Farbspektren und ihrer Kombinationen erhalten Sie ein differenziertes Verständnis der unterschiedlichen Persönlichkeiten, denen Sie im Verkaufsprozess begegnen können. Dieses Modell hilft Ihnen, die Bedürfnisse und Eigenschaften – das Temperament – Ihrer Kunden oder Kundinnen besser einzuschätzen und Ihre Verkaufsstrategie entsprechend anzupassen.

Wir benötigen diese Einteilung, um fundierte Rückschlüsse ziehen zu können. Es geht nicht nur darum, einen potenziellen Zusagewert für einen Umsatz zu erhalten, sondern vor allem darum zu überprüfen, von welcher Person diese Zusage kommt und wie hoch – in Abhängigkeit von ihrer Insel – die Fehlerwahrscheinlichkeit der Zusage ist. Diese Betrachtung ist von entscheidender Bedeutung, damit Sie genaue Umsatzprognosen für Ihre Zielperioden erstellen können. Durch die Berücksichtigung des Einflusses der Persönlichkeitstypen auf die Zusagewahrscheinlichkeit können Sie als Verkäufer oder Verkäuferin Ihre Umsatzerwartungen realistischer einschätzen und Ihre Strategie entsprechend anpassen. Diese fundierte Analyse ermöglicht es Ihnen, die unterschiedlichen Faktoren zu berücksichtigen, die den Verkaufserfolg beeinflussen können, und so präzisere Prognosen für Ihre Zielperioden zu erstellen.

Eine präzise Umsatzprognose ermöglicht es Ihnen, Ressourcen effizienter zu planen, Risiken besser zu managen und letztlich erfolgreicher im Verkauf zu sein. Durch das Verständnis der unterschiedlichen Bedürfnisse und Eigenschaften können Sie Ihre Verkaufsstrategie gezielt anpassen und optimieren.

5.2.1 Persönlichkeitstyp der Roten Insel

Merkmale der roten Inseln

Auf der roten Insel herrschte in der Vergangenheit Krieg und Verwüstung. Um sich zu schützen, brachen die Bewohnerinnen und Bewohner der roten Inseln die Verbindungsbrücken ab, sodass niemand mehr Zugang zur Insel hatte. Dies geschah aus purem Selbstschutz und nicht aus dem Wunsch, den Kontakt zur Außenwelt zu minimieren. Um sich mit eigener Macht vor weiteren Gefahren zu schützen, wurden mächtige Mauern und Türme errichtet.

Das zentrale Problem auf den roten Inseln besteht darin, dass die Bewohnerinnen und Bewohner neue Dinge nicht annehmen und integrieren wollen. Warum auch? Seit die Brücken nicht mehr existieren, funktioniert alles problemlos. Niemand muss bewährte Strategien und Muster ändern oder neue Ideen zulassen, die möglicherweise wieder zu Krieg und Verwüstung führen könnten. Die Bewohnerinnen und Bewohner der roten Insel haben gelernt, dass Veränderungen häufig mit Risiken verbunden sind, und diese Risiken sind ihnen zu groß.

Die roten Inseln haben daher sehr sichere und konfrontative Außengrenzen. Ohne Erlaubnis darf niemand auf die Insel, und wer es doch schafft, muss sie schnell wieder verlassen. Neuankömmlinge werden misstrauisch beobachtet und überprüft. Die Kommunikation mit Fremden ist oft schroff und teilweise destruktiv, da sie untersuchen wollen, ob der Fremde gute oder schlechte Absichten hat. Dies erscheint ihnen für das Überleben unerlässlich. Die Bewohnerinnen und Bewohner vermeiden es, Gastfreundschaft zu zeigen, um zu verhindern, dass Fremde länger als nötig bleiben.

Die Bewohnerinnen und Bewohner der roten Inseln sind stolz auf ihre Unabhängigkeit und ihr Selbstversorgungsvermögen. Sie sehen die Isolation nicht als Nachteil, sondern als notwendige Maßnahme, um ihre Kultur und Lebensweise zu bewahren. Diese Einstellung führt allerdings auch dazu, dass sie sich neuen Ideen und Entwicklungen verschließen. Jede Veränderung wird als potenzielle Bedrohung betrachtet, und so halten sie an ihren bewährten Strukturen und Prozessen fest.

Für unseren Verkaufserfolg ist es essenziell herauszufinden, wie wir eine Brücke zu dieser Insel bauen können.

Viele Verkäuferinnen und Verkäufer neigen dazu, sich diesem Menschentyp schnell unterzuordnen. Sie glauben, respektiert zu werden, wenn sie dem Bewohner der roten Insel mit der Hauptfarbe Rot gut zureden und ihr oder ihm Vertrauen schenken.

Doch Vorsicht, das ist ein Irrtum. Die rote Insel denkt, dass ihre Vorkehrungen nur einem Zweck dienen: Bedrohungen und Gefahren frühzeitig zu erkennen und zu beseitigen. Wenn Sie Ihr Weltbild dem Ihres Gegenübers unterordnen, wird dies als Bestätigung aufgefasst, dass Sie etwas zu verbergen haben und nicht vertrauenswürdig sind. Wenn Sie es ernst meinen würden Sie auch Ihre Grenzen und Mauern zeigen und sie herausfordern.

Hier kommt der entscheidende Punkt in Ihrer Vorgehensweise ins Spiel: Ihre Vertrauenswürdigkeit wird getestet. Wenn Sie diesen Test bestehen, dürfen Sie auf die Insel. Wenn nicht, dann nicht. Sie könnten zu viel Schaden anrichten, wenn Sie die falsche Person sind, die hereingelassen wird. Glauben Sie nicht, dass Sie sich frei und unkontrolliert bewegen dürfen, nur weil Ihnen erlaubt wurde, die Insel zu betreten.

Für Ihr Vorhaben genügt es, toleriert zu werden. Wenn Sie einem roten Menschentyp gegenübersitzen, vermitteln Sie ihm oder ihr niemals, dass Ihre Insel minderwertiger oder weniger respektabel ist. Zeigen Sie ihm oder ihr stattdessen Ihre eigene Insel und beschreiben Sie, wie seine oder ihre Insel mit Verbesserungen aus Merkmalen Ihrer Insel aussehen könnte.

Seien Sie transparent, denn er oder sie weiß, dass Sie etwas verkaufen möchten. Erklären Sie, warum Sie dies tun und welchen Nutzen er oder sie daraus ziehen wird. Zeigen Sie Ihre Grenzen und Schutzmechanismen. Er oder sie kennt seine oder ihre eigenen und wird Sie nur unter diesen Voraussetzungen akzeptieren. Scheuen Sie sich nicht, die rote Insel herauszufordern – nur so werden Sie respektiert und geschätzt.

Bleiben Sie ehrlich und authentisch. Der Bewohner der roten Insel wird Ihre Unsicherheit erkennen und annehmen, dass Sie etwas verbergen und ihm oder ihr Schaden zufügen wollen. Warum sollten Sie sich sonst unsicher verhalten, wenn Sie nichts zu verbergen haben und keinen Schaden anrichten möchten?

Bei diesem Typus werden Sie Ihre größten Verkaufserfolge erzielen. Wenn Ihr Angebot einmal respektiert und der Nutzen akzeptiert wird, weiß diese Person genau, wie sie zu dem kommt, was sie möchte. Wenn Sie es einmal geschafft haben, bei dieser Person zu bestehen, wird er oder sie es intern auf seiner oder ihrer Insel auch durchsetzen – komme, was wolle. Er oder sie wird seine oder ihre Macht weiter ausbauen, seinen oder ihren Nutzen steigern und alles Nötige erreichen.

Bei dieser Person brauchen Sie sich nach Ihrem Verkaufsgespräch keine Sorgen machen, ob er oder sie Ihr Angebot intern durchsetzen kann oder nicht. Denn er oder sie bestimmt die Regeln, und auf der roten Insel werden sich die anderen Bewohnerinnen und Bewohner ihm oder ihr unterordnen, um zu überleben.

Rote Inseln sind Ihre sicheren Einnahmequellen. Die Potenzialeinschätzung für diese ist für Sie im Nachhinein sehr einfach. Wenn Sie von der roten Insel nicht vertrieben wurden und Ihnen bis zum Schluss zugehört und konstruktive, zielführende Gespräche geführt wurden, wird diese Insel einkaufen: Früher oder später, je nachdem, wie schnell Ihre Ansprechperson alle Rahmenbedingungen so eintaktiert, dass Ihre Lösung bezogen werden kann.

Die meisten Verkäuferinnen und Verkäufer fürchten diesen Menschentyp. Ich freue mich dagegen, wenn ich mit solchen Ansprechpartnern zusammenarbeite, denn mit ihnen erziele ich die höchsten Verkaufserfolge. Die Zusagewahrscheinlichkeit dieser Ansprechpersonen kann optimal genutzt werden, und mit großer Sicherheit kann eine Umsatzprognose erstellt werden.

Wenn Sie hohe Umsätze erreichen möchten, müssen Sie lernen, mit der roten Insel umzugehen: Vermeiden Sie Sales-Phrasen und unnötige Informationen, denn diese verschwenden Zeit. Kommen Sie zum Kern. Zeigen Sie Ihrer Ansprechpartnerin oder ihrem Ansprechpartner, warum Sie genau ihn oder sie kontaktiert haben. Zeigen Sie ihm oder ihr, warum Sie ihm oder ihr Ihre Lösung verkaufen möchten und welchen Mehrwert seine oder ihre Insel daraus ziehen wird. Beantworten Sie seine oder ihre Fragen offen und ehrlich und überzeugen Sie mit relevanten Daten und Fakten, die für einen Kauf sprechen.

Als authentischer Verkäufer oder Verkäuferin werden Sie mit dieser Ansprechperson Ihre wahre Freude haben, denn Sie wissen, dass ein hochwertiger und nachhaltiger Deal zustande kommen wird. Um diesen zu erreichen, müssen Sie sich gründlich vorbereiten. Seien Sie Ihr schlimmster Kritiker und bewähren Sie sich selbst gegen diesen. Dann sind Sie für das Verkaufsgespräch bestens gerüstet.

Ein weiterer entscheidender Punkt ist, dass Sie die Beziehung zu diesem Menschentyp langfristig pflegen müssen. Vertrauen wird nicht nur einmal aufgebaut, sondern muss ständig bestätigt und erneuert werden. Stellen Sie sicher, dass Ihre Versprechen gehalten werden und dass Sie auch nach dem Verkauf erreichbar bleiben. Die rote Insel schätzt Kontinuität und Zuverlässigkeit. Wenn Sie diese Werte verkörpern, werden Sie nicht nur einmalige Verkäufe erzielen, sondern auch eine langfristige Partnerschaft aufbauen, die Ihnen immer wieder neue Geschäftsmöglichkeiten eröffnet.

Zusammenfassend: Um erfolgreich mit der roten Insel zu interagieren, müssen Sie Vertrauen aufbauen, klar und direkt kommunizieren und Ihre Werte und Fähigkeiten offenlegen. Akzeptieren Sie die Herausforderung, die dieser Menschentyp darstellt, und nutzen Sie die Chance, sich in diesem anspruchsvollen Umfeld zu beweisen. Ihre Anstrengungen werden belohnt werden – nicht nur mit einem erfolgreichen Abschluss, sondern auch mit der Anerkennung und dem Respekt einer mächtigen und einflussreichen Person.

5.2.2 Persönlichkeitstyp der Blauen Insel

Merkmale der blauen Inseln

Die blaue Insel befand sich ursprünglich in einem desolaten Zustand. Die Kanalsysteme waren verstopft, die Dächer waren undicht, und die Bewohnerinnen und Bewohner wussten nicht, wie sie überleben sollten. Es gab keine funktionierenden Pläne oder Strukturen, die Nahrungsversorgung war unzureichend, und die Lebensbedingungen waren unerträglich. Als Expertinnen und Experten schließlich auf die Insel kamen, brachten sie unpassende Lösungen mit sich, was das System an den Rand des Zusammenbruchs brachte. Die Bewohnerinnen und Bewohner investierten viel analytisches Denken, um die Insel wieder aufzubauen und nach ihren eigenen Vorstellungen zu gestalten. Heute sind sie in der Lage, selbstständig zu überleben und ein gutes Leben zu führen.

Um negative Einflüsse zu minimieren, wurden Grenzposten an den Inselzugängen eingerichtet. Fremde müssen Fragebögen ausfüllen, um sicherzustellen, dass sie keine fehlerhaften Informationen oder unzureichende Lösungen mitbringen, die das System erneut gefährden könnten. Nicht jeder darf die Insel betreten; jede Person wird gründlich überprüft und muss plausible Gründe für ihren Besuch vorweisen.

Die Bewohnerinnen und Bewohner der Insel sind strukturierte und effiziente Analysten. Sie haben aus früheren Fehlern gelernt und trauen fremden Personen nicht mehr blind. Sie haben eine gut funktionierende, selbstbestimmte Inselgemeinschaft geschaffen, die nach ihren eigenen subjektiven Wünschen organisiert ist. Sie sind skeptisch gegenüber ungetesteten und unbewährten Neuerungen.

Die Geschichte der blauen Insel zeigt, wie die Gemeinschaft aus Chaos und Unsicherheit Ordnung und Unabhängigkeit schaffen konnte. Ursprünglich war die Insel ein Ort des Mangels und der Unsicherheit, doch durch die Krisen entwickelten die Bewohnerinnen und Bewohner ihre eigene Expertise und wurden selbstbestimmt.

Als Verkäuferin oder Verkäufer werden Sie nicht leicht Zugang zur blauen Insel finden. Was ist Ihr Alleinstellungsmerkmal? Haben Sie den erforderlichen Fragebogen an der Grenze ausgefüllt?

Wenn Sie glauben, dass es ausreicht, Ihre Pläne abzugeben und dann zu verschwinden, irren Sie sich. Es gibt viele andere Verkäuferinnen und Verkäufer mit ähnlichen Angeboten an der Grenze. Warum sollten die Inselbewohner genau Sie wählen? Was können Sie besser oder anders machen? Wie wird sich die Insel nach Ihrem Verkauf verändern?

Der Schlüssel zum Verkauf an diese Menschen ist eine solide Datenanalyse. Wenn Sie unsicher sind oder etwas vergessen, erscheint Ihr Angebot weniger attraktiv. Emotionen oder aggressive Verkaufstaktiken funktionieren hier nicht. Schwache Argumente werden sofort durchschaut.

Für die Inselbewohnerinnen und -bewohner zählt die Funktionalität einer Lösung am meisten. Viele Angebote sehen auf den ersten Blick gleich aus, mit hochwertigen Prospekten und Versprechungen. Was ist jedoch der echte Unterschied zwischen Ihrem Angebot und den anderen?

Dies ist Ihr entscheidender Moment: Beziehen Sie sich auf die Funktionalität Ihres Angebots im Kontext der blauen Insel. Es geht nicht nur darum, Ihre Lösung und seine Vorteile zu kennen, sondern zu zeigen, wie das bestehende System der Insel verbessert werden kann. Ihr Angebot hat nur dann Mehrwert, wenn das vorhandene System als mangelhaft erkannt wird.

Wenn Sie dies schaffen, wird die blaue Insel besorgt reagieren. Wie konnte ihr System solche Schwächen haben? Warum haben sie dies nicht bemerkt? Hier kommt Ihr Mehrwert ins Spiel. Sie haben das Defizit entdeckt und die Information weitergegeben. Diese Erkenntnis wird erst akzeptiert, wenn das Problem und die damit verbundenen Risiken des derzeitigen Systems ohne Ihre Lösung verstanden werden.

Ihre Aufgabe als Verkäuferin oder Verkäufer besteht darin, die Schwächen des vorhandenen Systems offenzulegen, die Ursachen verständlich zu erklären und die Konsequenzen aufzuzeigen. Erst wenn Sie dies überzeugend kommunizieren können, hat Ihr Angebot eine Chance. Es werden keine Phrasen akzeptiert; Ihre Aussagen werden gründlich überprüft. Wenn die Inselbewohner Ihr Problem erkennen, werden Sie einen großen Abschluss erzielen, denn der Mangel muss sofort behoben werden – koste es, was es wolle! Und warum sollten sie sich für Sie entscheiden?

Weil Sie die einzige Person waren, die diesen Mangel entdeckt hat. Ihr Angebot muss einzigartig sein.

Sie werden erfolgreich sein, wenn Sie Up-Selling, Cross-Selling und Bundle-Lösungen anbieten. Ihr Produktportfolio wird benötigt, da das vorhandene System adaptiert werden muss.

Die Bewohner der blauen Insel sind strukturierte Persönlichkeiten. Finden Sie den Weg, sich ihnen zu nähern. Der Abschluss funktioniert nur, wenn Sie Ihr eigenes Angebot, das Ihrer Mitbewerber und das vorhandene System gründlich kennen und die Mängel überzeugend darstellen können. Danach werden Sie ein geschätzter Gast auf der Insel sein, denn wer weiß, welche weiteren Probleme Sie bei Ihren Besuchen noch entdecken könnten!

Um auf der blauen Insel erfolgreich zu sein, müssen Sie das vorhandene System gründlich analysieren. Verstehen Sie die Geschichte der Insel und ihrer Bewohner. Welche Herausforderungen haben sie gemeistert? Welche Fehler wurden gemacht und wie wurden sie behoben? Dieses Wissen ist entscheidend, um glaubwürdig zu erscheinen und das Vertrauen der Inselbewohner zu gewinnen.

Ein weiterer wichtiger Punkt ist die Präsentation Ihrer Lösung. Zeigen Sie nicht nur, dass Ihre Lösung zuverlässig ist, sondern auch, wie es speziell auf die Bedürfnisse der blauen Insel abgestimmt ist. Nutzen Sie Beispiele und Fallstudien, um Ihre Expertise und die Vorteile Ihrer Lösung zu veranschaulichen. Beziehen Sie sich auf ähnliche Situationen, die Sie erfolgreich gelöst haben.

Transparenz und Nachvollziehbarkeit sind für die Inselbewohner von entscheidender Bedeutung. Untermauern Sie Ihre Argumente mit soliden Daten und Fakten. Bereiten Sie gründliche Analysen und Berichte vor, die Ihre Aussagen unterstützen. Seien Sie bereit, tief in die Details einzusteigen, wenn Fragen auftauchen. Ihre Fähigkeit, präzise und detaillierte Informationen zu liefern, wird Ihnen helfen, das Vertrauen der Bewohner zu gewinnen.

Auf der blauen Insel sind langfristige Beziehungen wichtig. Denken Sie daher nicht nur an den einmaligen Verkauf, sondern daran, wie Sie langfristig Mehrwert bieten können. Bieten Sie Support und Dienstleistungen an, die den Inselbewohnern helfen, Ihre Lösung optimal zu nutzen. Seien Sie ein verlässlicher Partner, der ihnen bei zukünftigen Herausforderungen zur Seite steht.

Respektieren und verstehen Sie die Kultur der blauen Insel. Jede Insel hat ihre eigenen Werte und Normen. Passen Sie Ihre Kommunikations- und Verkaufsstrategie entsprechend an. Ein sensibler und respektvoller Umgang mit den Inselbewohnern wird Ihnen helfen, ihre Akzeptanz und ihr Vertrauen zu gewinnen.

Indem Sie diese Aspekte berücksichtigen, können Sie Ihre Chancen auf der blauen Insel maximieren und langfristig erfolgreiche Geschäftsbeziehungen aufbauen.

5.2.3 Persönlichkeitstyp der Grünen Insel

Merkmale der grünen Insel

Die grüne Insel ist ein sicherer und nachhaltiger Ort. Hier gibt es keine Kriege oder Verwüstungen, und alles funktioniert reibungslos. Vielfalt wird gelebt, und alle Ideen und Konzepte sind willkommen. Es bestehen keine wirklichen Gefahren. Die Grenzen bestehen aus offenen Straßen, die die Inseln mit Brücken verbinden, um den Menschen den Zugang und die Abreise zu ermöglichen.

Auf dieser Insel werden alle Fremden herzlich willkommen geheißen, damit sie einen angenehmen Aufenthalt haben. Die Insel soll einen hohen Stellenwert bei Besuchern genießen, um viele Menschen von anderen Inseln anzulocken und so die Bestätigungsbedürfnisse der Inselbewohner weiterhin zu stärken. Das Ziel ist es, das freundliche Weltbild der Insel auch auf andere Inseln zu übertragen – damit eines Tages alle Menschen gemeinsam auf einer einzigen Insel glücklich und zufrieden leben können.

Die grüne Insel ist auch ein Ort des Lernens und der Entwicklung. Die Bewohnerinnen und Bewohner sind bestrebt, ständig Neues zu lernen und ihre Fähigkeiten weiterzuentwickeln. Workshops, Seminare und Diskussionsrunden sind an der Tagesordnung. Dies fördert nicht nur den individuellen Fortschritt, sondern auch das Gemeinschaftsgefühl und die Zusammenarbeit unter den Inselbewohnern. Jede Person, die hierherkommt, bringt neue Perspektiven und Ideen mit, die die Insel bereichern und weiterentwickeln.

Sie könnten denken: „Oh ja, das sind meine liebsten Kundinnen und Kunden." Sie stellen wenige Fragen, sind genügsam und angenehm, und als Verkäuferin oder Verkäufer fühlt man sich wohl mit ihnen. Doch lassen Sie uns ehrlich sein: Sind nicht genau diese gutmütigen grünen Inselbewohnerinnen und Inselbewohner diejenigen, die Ihre Umsatzprognosen durch ihre unverbindlichen Zusagen durcheinanderbringen?

Ihre Herausforderung bei diesem Typ ist ihr Wunsch nach Gefälligkeit. Sie verhalten sich bei allen Verkäuferinnen und Verkäufern gleichermaßen zuvorkommend. Das bedeutet, dass die grünen Inselbewohnerinnen und Inselbewohner nicht nur Ihnen sagen, wie gut sie Ihre Lösung finden – das hören auch die anderen von ihnen. Als Verkäuferin oder Verkäufer geht man von einem sicheren Abschluss aus, da die potenzielle Ansprechperson zugesagt hat, Ihre Lösung so gut wie sicher zu erwerben. Doch dann tun sie es doch nicht.

Wenn Ihre gesamte Verkaufsstrategie darauf abzielt, dass die Kundinnen und Kunden Ihnen ein angenehmes Gefühl im Verkaufsprozess vermitteln, ziehen Sie diesen Menschentyp sogar in Ihrer Vertriebspipeline an. Fragen Sie sich daher: Warum möchten Sie das? Was sind Ihre Beweggründe?

Aus meiner Sicht ist dieser Typus einer der schwierigsten im Verkaufsprozess. Er vermittelt Ihnen ein gutes Gefühl und macht eine Zusage, um Ihnen kurz danach mitzuteilen, dass er Ihr Angebot doch nicht annimmt. Noch problematischer ist es, wenn solche Personen so konfliktscheu sind, dass sie gar keine Rückmeldung geben und Sie im Ungewissen lassen.

Welches Bedürfnis versuchen diese Personen zu stillen? Es ist ihr Bedürfnis nach Sicherheit, das sie durch die Schaffung einer angenehmen Situation zu befriedigen suchen.

Wie sollten Sie als Verkäuferin oder Verkäufer vorgehen, um bei diesem Menschentyp zu einem Verkaufsabschluss zu gelangen?

Sie müssen die grünen Inselbewohnerinnen und Inselbewohner aus ihrer Komfortzone bringen und ihre Überkompensation als Mangel erkennen. Dabei sollten Sie weder unhöflich noch aggressiv sein. Analysieren und bewerten Sie ihre aktuelle Lösung und zeigen Sie ihnen die Problembereiche. Erläutern Sie die möglichen Konsequenzen, wenn die aktuelle Lösung weiterhin genutzt wird und Ihre Lösung nicht in Anspruch genommen wird. Stellen Sie dar, welche negativen Auswirkungen dies auf das Verhalten anderer Besucher haben könnte, die auf der eigenen Insel willkommen geheißen werden.

Lassen Sie sich nicht von den netten und zuvorkommenden Floskeln der grünen Inselbewohnerinnen und Inselbewohner täuschen. Sie versuchen, Ihnen ein angenehmes Gefühl zu vermitteln und senden viele Kaufsignale – jedoch ohne Substanz.

Falls keine andere Option besteht und Ihr Gesprächspartner starke grüne Tendenzen aufweist, empfiehlt sich folgende Vorgehensweise: Teilen Sie alle relevanten Informationen und seien Sie freundlich sowie zuvorkommend. Zeigen Sie die negativen Aspekte der aktuellen unsicheren Lösung und betonen Sie den Sicherheitsaspekt Ihrer Lösung.

Empfehlenswert ist es, auch auf emotionaler Ebene eine Verbindung aufzubauen und Vertrautheit zu schaffen. Sammeln Sie Informationen über ihre Interessen und ihr soziales Umfeld, um Pluspunkte zu sammeln und Ihr Angebot attraktiver erscheinen zu lassen. Stellen Sie sich als sichere und vertrauenswürdige Option dar.

Für diese Kundinnen und Kunden sind Ihre Reputation und Ihr Engagement für eine bessere Welt wichtige Kaufkriterien. Nutzen Sie ihr Bedürfnis nach Überkompensation, um Ihre Lösung als Beitrag zu einer besseren Welt auf ihrer Insel darstellen zu können. Der grüne Inselbewohner oder die grüne Inselbewohnerin wird Ihre Lösung als Teil ihrer Mission ansehen, eine harmonischere und sicherere Welt zu schaffen.

Konzentrieren Sie sich darauf, langfristige Beziehungen aufzubauen, anstatt nur auf einmalige Verkäufe zu fokussieren. Arbeiten Sie daran, eine dauerhafte Verbindung zu schaffen, indem Sie regelmäßig nachfragen, zusätzliche Dienstleistungen anbieten oder zu speziellen Veranstaltungen einladen. Auf diese Weise erkennt der grüne Inselbewohner oder die grüne Inselbewohnerin, dass Sie sich wirklich für seine oder ihre Bedürfnisse und ihre Vision einer besseren Welt interessieren, und wird Ihnen langfristig treu bleiben.

Durch das Aufbauen von Vertrauen und das Arbeiten auf emotionaler Ebene schaffen Sie eine solide Basis, die weit über den Verkaufsprozess hinausgeht. Der grüne Inselbewohner oder die grüne Inselbewohnerin wird Ihre Lösung nicht nur als eine Lösung betrachten, sondern als einen integralen Bestandteil ihrer Mission, eine harmonischere und sicherere Welt auf ihrer Insel zu schaffen.

5.2.4 Persönlichkeitstyp der Gelben Insel

Merkmale der gelben Insel

Die Bewohnerinnen und Bewohner der gelben Inseln hatten stets alle notwendigen Ressourcen und waren gut versorgt. Sie mussten sich nie um grundlegende Bedürfnisse oder Umweltgefahren kümmern, da immer alles in Überfluss vorhanden war. Dank dieser Sicherheit konnten sie ihre Aufmerksamkeit ganz der Selbstentfaltung widmen und gerne neue, außergewöhnliche Wege beschreiten, um Grenzen zu überschreiten.

Diese Menschen sind wissbegierige Personen, die neue Technologien und Mechanismen entwickeln und testen, um Innovationen voranzutreiben. Sie begrüßen Sie herzlich und präsentieren stolz ihre innovativen Ideen und Lösungen. Für sie sind neue Lösungen immer attraktiver als konventionelle oder bestehende, da diese ihrer Meinung nach ihrer Selbstverwirklichung hinderlich sind.

Zunächst scheint dieser Typ Mensch ein sicherer Erfolg für Ihren Verkauf zu sein. Allerdings stellt ihre größte Herausforderung die Bewertung ihres Potenzials dar, da sie aufgrund ihrer übertriebenen Sprunghaftigkeit alles Neue und Unbeständige als attraktiv empfinden.

Diese Menschen werden Sie zwar zunächst als Highlight des Tages betrachten, jedoch wird ihr Interesse schnell zur nächsten Verkäuferin oder dem nächsten Verkäufer wechseln. Sobald sie Ihre Lösung und ihre Spezifikationen verstanden haben, verliert diese für sie schnell an Attraktivität, da sie andere Lösungen für ihre Selbstverwirklichung als besser, weil neuer, erachten könnten.

Ihr ununterbrochener Fokus auf Neuem und Innovativem ist die größte Herausforderung beim Verkauf. Um mit diesen Menschen erfolgreich zu sein, müssen Sie sehr behutsam vorgehen und immer über die neuesten Entwicklungen informiert sein. Jedes Gespräch sollte mit immer neuen, spektakulären Ideen gefüllt sein.

Ihr Mangel an Beständigkeit ist der Schlüssel für Ihren Verkaufserfolg. Sie gehen bereits davon aus, dass ihre aktuelle Lösung unzureichend ist und suchen ständig nach etwas Neuem und Innovativem. Sie brauchen ihnen nicht zu erklären, dass ihre aktuelle Lösung veraltet und fehlerhaft ist, da sie dies bereits annehmen. Zeigen Sie ihnen stattdessen, dass Ihre Lösung die beste auf dem Markt ist und andere Lösungen im Vergleich weniger wertig oder lediglich Kopien sind.

Treffen Sie diese Menschen auf ihrem Niveau: Sie sind bereits von der Unzulänglichkeit ihrer aktuellen Lösung überzeugt und sind auf der Suche nach Innovation. Ihr frischer, energiegeladener Verkaufsansatz wird sofort alle Zweifel an Ihrer Lösung zerstreuen und Ihnen Erfolg bescheren. Seien Sie sich jedoch bewusst, dass ihre Begeisterung für Ihre Lösung vorübergehend sein kann und ihre Zusagen nicht als zuverlässig betrachtet werden sollten.

Bei diesen Menschen werden Sie auf eine offene und vorurteilsfreie Grundhaltung treffen. Sie werden Sie schnell auf ihre Insel einladen, Ihnen alle Bewohnerinnen und Bewohner vorstellen und deren Verantwortlichkeiten erläutern. Sie können die gelben Inselbewohnerinnen und Inselbewohner als Informationsquelle für die jeweilige Branche betrachten, um wertvolle Einblicke zu erhalten, die Ihnen bei zukünftigen Kundenterminen in der gleichen Branche helfen werden.

Ein Verkaufsabschluss ist bei diesen Personen möglich, jedoch nur mit erheblichem Aufwand und Unsicherheit verbunden. Wenn Sie es jedoch schaffen, gewinnen Sie eine treue Kundschaft, die unkonventionell ist und keine Scheu hat, ihre Prozesse und Lösungen mit Ihnen zu teilen, um auf ihrer Insel von verbesserten Varianten zu profitieren. Diese Loyalität hält an, bis ein anderer Verkäufer oder eine andere Verkäuferin ihnen glaubhaft machen kann, dass Ihre Lösung veraltet ist und deren Lösung die aktuelle am Markt ist.

Die Herausforderung bei diesen Menschen besteht darin, ihre sprunghafte Natur und ihre Neigung zu schnellen Wechseln zu verstehen und strategisch zu nutzen. Sie sind ständig auf der Suche nach Neuerungen, daher ist es Ihre Aufgabe, ihnen kontinuierlich neue Impulse zu geben, die ihr Interesse wecken. Dazu ist es notwendig, immer auf dem neuesten Stand der Entwicklungen in Ihrer Branche zu sein und Ihre Angebote regelmäßig zu aktualisieren, um ihre Aufmerksamkeit zu behalten.

Die Loyalität dieser Menschen kann schwankend sein, sodass ein erfolgreicher Verkauf nicht zwangsläufig langfristige Sicherheit bedeutet. Es ist von entscheidender Bedeutung, eine Beziehung zu entwickeln, die auf stetiger Innovation und dem Gefühl basiert, dass Ihre Lösung die führende am Markt ist. Nutzen Sie ihre Offenheit und Neugier, um wertvolles Feedback für Ihre Produkte und Dienstleistungen zu erhalten, das Ihnen hilft, sich weiter zu verbessern und an die Bedürfnisse Ihrer Kunden anzupassen.

Fördern Sie ihre kreative Energie und ihren Pioniergeist. Bieten Sie ihnen Möglichkeiten, an der Entwicklung neuer Lösungen oder Verbesserungen aktiv mitzuwirken. Dies stärkt nicht nur ihr Interesse und ihre Verbundenheit mit Ihrem Unternehmen, sondern kann auch zu wertvollen Innovationen führen.

Zusammenfassend bieten diese Menschen ein großes Potenzial, aber auch beträchtliche Herausforderungen. Ihre Begeisterung für das Neue und Innovative kann Ihnen helfen, neuartige Lösungen zu verkaufen und wertvolle Einblicke zu gewinnen. Gleichzeitig erfordert es ständige Aufmerksamkeit und Bereitschaft, sich kontinuierlich weiterzuentwickeln und anzupassen, um ihre Loyalität zunächst zu gewinnen und anschließend zu behalten.

5.3   Acht Ampelsysteme

Die Segmentierung potenzieller Ansprechpersonen nach ihrem Verhalten ist für Ihren Verkaufserfolg von entscheidender Bedeutung, da sie Ihren Verkaufsprozess vereinfacht. Durch eine gezielte Segmentierung können Sie Ihre Aktionen besser planen, die richtige Vertriebsstrategie auswählen und die Erfolgsaussichten genauer einschätzen. Dadurch nutzen Sie Ihre Ressourcen effizienter und konzentrieren sich auf die vielversprechendsten Interessenten.

Um Fehler durch zu starke Vereinfachung zu vermeiden, sollten Sie eine zusätzliche Differenzierungsebene in Ihrer Einteilung vornehmen. Diese weitere Diversifizierung steigert Ihren Verkaufserfolg erheblich und ermöglicht präzise Handlungsansätze. Allerdings kann zu viel Komplexität kontraproduktiv sein, da sie die Interpretation und Anwendung der gewonnenen Erkenntnisse erschwert.

Die Kombination der vier Verhaltensmuster mit ihren primären und sekundären Ausprägungen ergibt insgesamt zwölf verschiedene Ausprägungen. Da einige dieser Kategorien jedoch nur sehr unsichere Einschätzungen zulassen, basieren die hier dargestellten Erfahrungen auf zahlreichen Verkaufsgesprächen mit potenziellen Kundinnen und Kunden im Neukundenvertrieb und wurden im Prozess des Trial-and-Error validiert. Aus Gründen der Vereinfachung werden diese Kategorien in einer reduzierten Form präsentiert. Die primären gelben und grünen Ausprägungsformen haben die geringste Wahrscheinlichkeit, bei der Einschätzung ihres Kaufverhaltens richtig zu liegen, aufgrund ihrer Sprunghaftigkeit und ihres starken Bestätigungswunsches. Bei ihnen sind keine verlässlichen Prognosen und Empfehlungen möglich. Daher führt die Unterscheidung von insgesamt acht Verhaltensmustern zu den besten Verkaufsergebnissen und den zuverlässigsten Einschätzungen.

Bei der weiteren Differenzierung wird zwischen einer primären und einer sekundären Ausprägung der Ansprechpersonen unterschieden. Die primäre Ausprägung ist die stärker verankerte, während die sekundäre durch das Handeln beeinflusst wird. Diese Unterscheidung ist wichtig, da Ansprechpersonen je nach Stresslevel zwischen diesen Ausprägungen wechseln können. Ein Beispiel: Eine Person mit blau-roter Ausprägung kann in einer extremen Stresssituation gemäß ihrer roten Ausprägung handeln. Sinkt der Stress, wechselt die Person in einen ruhigeren Modus, in dem die blaue Ausprägung überwiegt.

Diese duale Betrachtungsweise ist entscheidend für Ihren Verkaufserfolg. Zwei gegensätzliche Verhaltensmuster können in einer Person koexistieren, und Sie müssen im Verkaufsgespräch beide Aspekte ansprechen. Bei längerfristigen Kundenbeziehungen sollten Sie außerdem berücksichtigen, dass sich die Ansprechperson bei veränderten Lebensumständen unterschiedlich verhalten kann. Dies kann dazu führen, dass Ihr Angebot anders bewertet wird und eventuell angepasst werden muss. Um eine erfolgreiche Einschätzung vornehmen zu können, müssen Sie beide Ausprägungen berücksichtigen.

Im Folgenden betrachten wir die acht komplexeren Ausprägungsvarianten und kennzeichnen sie, aufgrund der dualen Betrachtungsweise, mit einem dualen Ampelsystem. Dieses System hilft Ihnen, Ihre Ansprechpersonen schnell zu identifizieren und angemessen zu behandeln. Wenn Sie die individuellen Ampelfarben Ihrer Ansprechperson erkannt haben, erhalten Sie – symbolisch gesehen – Zugang zu ihrer Welt, ihrer Insel. Das Ampelsystem ist einfach anzuwenden und zeigt Ihnen auf einen Blick, welche Ansprechpersonen eine hohe Priorität in Ihrer Aufmerksamkeit benötigen. Zudem ist ein duales Ampelsystem für Ihre Dokumentation in Ihren Gesprächsnotizen hervorragend geeignet, um Ihre Kategorisierung schnell und einfach vorzunehmen und entsprechend Ihre weitere Gesprächsstrategie festzulegen.

Zum bedachten Erkennen der Ausprägung Ihrer Ansprechperson können Sie verbale und nonverbale Signale wie Wortwahl und Körperhaltung auswerten. Die korrekte Identifizierung der Temperamente Ihrer Ansprechpersonen, sowohl im persönlichen Gespräch als auch bei telefonischer Kommunikation, ermöglicht es Ihnen durch aktive abwechslungsreiche Kommunikationszugänge, einen nachhaltigen Zugang zu einer optimalen Vertriebsstrategie zu erhalten. Am Telefon konzentrieren Sie sich auf die Wortwahl und Stimmlage, während Sie bei persönlichem Kontakt besonders auf die Körperhaltung achten. Die Fähigkeit, diese Signale richtig zu deuten, ist entscheidend für eine präzise Kategorisierung und letztlich für Ihren Verkaufserfolg.

Die zielgerichtete Kategorisierung Ihrer Ansprechperson anhand ihrer Ausprägungen ist leicht abzuleiten, wenn Sie wissen, worauf Sie achten müssen. Je besser Sie dies beherrschen, desto genauer wird Ihre Prognose über den Erfolg eines Verkaufs. Es ist hilfreich, diese Bewertung zuerst in Ihrem privaten Umfeld zu üben und zu festigen. Anschließend wenden Sie die Methode in Ihrem beruflichen Kontext an. Mit der Zeit und nach einigen Wiederholungen werden Sie das Erlernte automatisch umsetzen. Sobald Sie hier sicher sind, können Sie Ihre Ansprechpersonen gezielt ansprechen, Ihre Erfolgsaussichten verbessern und mehr Abschlüsse erzielen. Diese systematische Vorgehensweise hilft Ihnen nicht nur, mehr Verkäufe abzuschließen, sondern auch langfristige Beziehungen zu Ihren Kunden aufzubauen und zu pflegen, was zu einem nachhaltigen Geschäftserfolg führt.

5.3.1 Persönlichkeitstyp im Ampelsystem Rot-Blau

Ein rot-blauer Menschentyp gehört zu den komplexeren Charakteren (Abb. 5.3). Diese Personen zeigen Ihnen gegenüber zunächst eine ab-

Abb. 5.3 Ampelsystem Rot-Blau

lehnende Haltung, zumindest bis Sie ihre Prüfungen bestanden haben. Wenn Sie auf ihre „Insel" gelangen wollen, müssen Sie zuerst ihren Respekt verdienen, was anspruchsvoll sein kann, da diese Person hohe Ansprüche hat. Wenn sie auch starke blaue Elemente in ihrem Verhalten zeigt, beinhalten ihre Tests auch analytische Aspekte. Sie müssen also sowohl Ihre logischen Fähigkeiten als auch Ihre Standfestigkeit unter Beweis stellen.

Rot-blauer Menschentyp: Erkennungsmerkmale

Sie können diesen Menschentyp an folgenden verbalen Äußerungen erkennen:

- „Kommen Sie zur Sache."
- „Was bringt mir das?"
- „Was wollen Sie?"
- „Ich habe keine Zeit."
- „Zeigen Sie mir Beweise."
- „Das ist nicht logisch."

Diese Aussagen deuten auf eine direkte, oft ungeduldige Kommunikationsweise hin, die wenig Raum für Smalltalk lässt. Solche verbalen Signale zeigen eine destruktive und nicht-förderliche Kommunikationsform.
Nonverbal können Sie diesen Menschentyp an folgender Körpersprache erkennen:

- Die Person setzt sich direkt gegenüber von Ihnen.
- Sie fixiert Sie mit ihren Augen.
- Spiegelt Ihre Körperhaltung nicht wider.
- Macht im Gespräch bedrohliche Gesten.
- Beugt sich nach vorne.
- Zeigt eine direkte und fordernde Körperhaltung.

Zusätzlich ist dieser Menschentyp durch seine oder ihre dominante Präsenz und die Neigung, Gespräche zu steuern, erkennbar. Er oder sie unterbricht häufig, um seinen oder ihren Standpunkt klarzustellen, und lässt wenig Raum für Gegenargumente.

Ihr Verhalten als Verkäufer oder Verkäuferin
Der rot-blaue Menschentyp wird Sie zwar tolerieren, wird Sie jedoch nie vollständig akzeptieren. Versuche, die geschäftliche Beziehung persön-

licher zu gestalten, werden Ihnen weder Respekt noch Akzeptanz ein-
bringen. Diese Person lässt sich weder emotional noch allein mit Daten
und Fakten überzeugen.

Stattdessen können Sie diesen Typ für sich gewinnen, indem Sie den
Mehrwert Ihres Angebots klar herausstellen und sich von anderen Mit-
bewerbern und Mitbewerberinnen abheben. Sie müssen standhaft sein,
sich behaupten können und dessen subjektive Empfindungen sowie Haltung mit Ihren Daten und Fakten widerlegen. Das bedeutet, dass Sie zusätzliche Beweise vorlegen müssen, um Ihre Punkte zu untermauern. Sie
müssen seinem oder ihrem dominanten Auftreten im Verkaufsgespräch
mit Ihrer eigenen Dominanz und authentischem Verhalten begegnen.

Erst wenn Sie diese Person mit Ihrer Durchsetzungskraft und Ihren logischen Schlussfolgerungen überzeugen, werden Sie auf ihrer „Insel" ge-
duldet, bis Sie Ihre Arbeit getan haben. Während dieser Zeit sollten Sie
stets professionell und vorbereitet bleiben, um alle Herausforderungen,
die er oder sie Ihnen stellen könnte, zu meistern.

> Abweichungen beim prognostizierten Umsatzwert mit diesem Ampeltyp
> bei durchschnittlich 10 %.

Die prognostizierten Umsatzwert-Abweichungen je Ampeltyp basie-
ren auf zahlreichen Verkaufsgesprächen mit potenziellen Kundinnen und
Kunden im Neukundenvertrieb und wurden im Prozess des Trial-and-
Error validiert.

Obwohl der Zugang zu dieser Person auf den ersten Blick schwierig erscheint aufgrund der hohen Erwartungen und anspruchsvollen Prüfungen, werden Sie in anderen Ampelsystemen keine besseren und genaue-
ren Zusagewerte finden. Wenn Sie diese Person einmal mit Ihrem selbstbewussten Auftreten und Ihrer Expertise überzeugt haben, wird sie Ihr
Angebot durch alle internen Entscheidungsprozesse bringen und Ihnen
die Unterschrift beschaffen. Dies kann Ihnen Zugang zu weiteren wichtigen Entscheidungsträgern im Unternehmen verschaffen. Der lukrative
Verkaufserfolg relativiert die anfänglichen hohen Zugangshürden zur rot-

blauen Insel. Zudem können langfristige Geschäftsbeziehungen entstehen, die für zukünftige Projekte von Vorteil sind.

5.3.2 Persönlichkeitstyp im Ampelsystem Rot-Grün

Der rot-grüne Menschentyp gehört ebenfalls zu den vielfältigen Ausprägungsformen (Abb. 5.4). Diese Personen zeigen Ihnen gegenüber zunächst eine ablehnende Grundhaltung, bis Sie ihre Tests bestanden haben. Um auf ihre „Insel" zu gelangen, müssen Sie zuerst ihren Respekt verdienen. Wenn sie grüne und somit wohlwollende und herzliche Eigenschaften hat, werden Sie einen Zugang auf emotionaler Ebene finden, was bedeutet, dass Sie in die Beziehung investieren müssen.

Rot-grüner Menschentyp: Erkennungsmerkmale

Sie können diesen Menschentyp an folgenden verbalen Äußerungen erkennen:

- „Lassen Sie uns bitte zum eigentlichen Thema kommen."
- „Was bringt mir das?"
- „Was ist für mich der Vorteil davon?"
- „Ich bin etwas zeitlich gebunden."
- „Könnten Sie mir Referenzen nennen?"
- „Das kommt mir irgendwie nicht ganz richtig vor."

sowie ähnliche Aussagen, die dominant und gleichzeitig sanft klingen.

Abb. 5.4 Ampelsystem Rot-Grün

Nonverbal erkennen Sie diesen Menschentyp an folgender Körpersprache:

• Direkt gegenübersitzend, mit leicht fixierendem Blick.
• Leichte Spiegelung Ihrer Körperhaltung.
• Wohlwollende Gebärden, nach vorne gebeugt.
• Alle Variationen einer solchen direkten und zugleich wohlwollenden Körperhaltung.

Zusätzliche Hinweise können ein leichtes Lächeln sein, das schnell in eine ernste Miene übergehen kann, und ein fester Händedruck. Diese Menschen legen Wert auf Effizienz und Direktheit, schätzen aber auch Ehrlichkeit und Integrität in der Kommunikation.

Ihr Verhalten als Verkäufer oder Verkäuferin

Um auf die „Insel" dieser Person zu gelangen, müssen Sie deren prüfende und machtdemonstrativen Tests bestehen. Diese können jedoch aufgrund des grünen Anteils durch emotionale Interventionen abgemildert werden. Die Grundhaltung Ihnen gegenüber kann zunächst tolerierend sein, sich aber zu langfristiger Akzeptanz entwickeln. Eine rein beziehungsorientierte Kommunikation ist allerdings nicht ausreichend. Erst die Kombination aus Ihrem eigenen starken Selbstbewusstsein und einer offenen Haltung gegenüber Ihrem Gegenüber kann zu einer fruchtbaren und intensiven Geschäftsbeziehung führen.

Treten Sie selbstbewusst auf, seien Sie sich Ihres Wertes und Ihres Angebots bewusst und bleiben Sie authentisch. Gleichzeitig sollten Sie auf die emotionale Ebene mit herzlichen Scherzen und Anekdoten eingehen und diese Person für sich gewinnen.

Es ist auch ratsam, konkrete Beispiele und Erfolgsgeschichten zu präsentieren, die Ihre Kompetenz und Zuverlässigkeit unterstreichen. Ein starkes Netzwerk und gute Referenzen können ebenfalls den Weg zu einer positiven Geschäftsbeziehung ebnen. Seien Sie geduldig, denn dieser Menschentyp prüft oft langfristig und beobachtet Ihre Konsistenz und Integrität über einen längeren Zeitraum.

Abweichungen beim prognostizierten Umsatzwert mit diesem Ampeltyp bei durchschnittlich 30 %.

Der Zugang zu dieser Person stellt eine Herausforderung dar. Die Beziehungsebene kann ein hilfreiches Instrument sein, um ihrem dominanten Charakter gerecht zu werden. Es ist wichtig, eine Balance zu finden und nicht in Extreme zu verfallen. Ihr Umsatz und Ihre Prognosesicherheit werden beim Zugang zu diesem Typus steigen. Ihr Ampelsystem weist die drittbeste Zusagewahrscheinlichkeit auf und bringt einen guten und treffsicheren Umsatz.

Zusätzlich sollten Sie wissen, dass dieser Menschentyp oft ein starkes Bedürfnis nach Kontrolle und Klarheit hat. Unklare oder vage Aussagen können Misstrauen hervorrufen. Daher ist präzise und transparente Kommunikation wichtig. Seien Sie bereit, detaillierte Informationen und nachvollziehbare Argumente zu liefern. Auch schriftliche Unterlagen und Verträge sollten klar und umfassend sein, um Missverständnisse zu vermeiden.

Insgesamt ist der Schlüssel zum Erfolg beim Umgang mit diesem Menschentyp eine Kombination aus professionellem Auftreten, emotionaler Intelligenz und strategischem Vorgehen. Eine gut ausbalancierte Kommunikationsstrategie, die sowohl rationale als auch emotionale Aspekte berücksichtigt, wird Ihnen helfen, eine erfolgreiche und langfristige Geschäftsbeziehung aufzubauen.

5.3.3 Persönlichkeitstyp im Ampelsystem Rot-Gelb

Der rot-gelbe Menschentyp ist facettenreich (Abb. 5.5). Diese Person wird Sie prüfen und zunächst ablehnend reagieren, bis Sie ihre Tests bestanden haben. Wenn Sie mit ihr ins Gespräch kommen möchten, sollten Sie Selbstbewusstsein zeigen. Ihre Chancen liegen im gelben Anteil des Verhaltensmusters, da dieser Ihnen einen schnellen Zugang ermöglicht. Gelbe Eigenschaften deuten auf das Bedürfnis hin, neue Wege zu gehen und alte Methoden zu hinterfragen.

Abb. 5.5 Ampelsystem Rot-Gelb

Rot-gelber Menschentyp: Erkennungsmerkmale

Sie können diesen Menschentyp an folgenden verbalen Äußerungen erkennen:

- „Können Sie mir schnell Ihre neuen Produkte zeigen?"
- „Kommen Sie zu den Verbesserungen."
- „Was bringt mir das im Vergleich zu meinen derzeitigen Lösungen?"
- „Was wollen Sie mir anbieten?"
- „Ich habe keine Zeit für die immer gleichen Produkte."
- „Das sind doch langweilige Features."
- „Alles ist doch gleich."

Solche Aussagen zeigen, dass diese Person ständig nach Verbesserungen sucht und wenig Geduld für das Bekannte hat.

Nonverbal können Sie diesen Menschentyp an folgender Körpersprache erkennen:

- Direkt gegenübersitzend, fixiert die Umgebung.
- Leichte Spiegelung Ihrer Körperhaltung.
- Interessierte Gesten.
- Nach vorne gebeugt.
- Direkte und informationssuchende Körperhaltung.

Diese Signale zeigen, dass der rot-gelbe Menschentyp aktiv nach neuen Informationen sucht und bereit ist, sich auf das Gespräch einzulassen, wenn es interessante Neuigkeiten bringt.

Ihr Verhalten als Verkäufer oder Verkäuferin

Der Umgang mit dieser Person kann von vollständiger Akzeptanz Ihrer Anwesenheit auf ihrer „Insel" bis zu zeitweiliger Toleranz variieren. Durch dominantes Verhalten, Glaubwürdigkeit und Standhaftigkeit können die roten Elemente gemildert und Respekt erworben werden. Das Bedürfnis nach Neuem kann Ihnen einen einfacheren Zugang ermöglichen. Sobald Sie Respekt verdient und neue effektive Wege aufgezeigt haben, wird die Zusammenarbeit erfolgreich sein.

Um eine langfristige Geschäftsbeziehung aufzubauen, sollten Sie kontinuierlich neue Ideen und Lösungen anbieten. Der rot-gelbe Menschentyp schätzt es, wenn Sie proaktiv sind und regelmäßig Updates und Innovationen präsentieren. Nutzen Sie das Bedürfnis nach Veränderung, um eine dauerhafte Bindung zu schaffen.

Sobald Sie glaubhaft vermitteln können, dass Ihr neues Angebot eine Verbesserung älterer Prozesse darstellt, werden beide Elemente des Verhaltens angesprochen. Dadurch können Sie ein hervorragendes Angebot unterbreiten.

> Abweichungen beim prognostizierten Umsatzwert mit diesem Ampeltyp bei durchschnittlich 50 %.

Der Zugang zu rot-gelben Personen ist oft einfach, da die Einstiegshürden gering sind.

Allerdings hat der einfache Zugang durch die gelben Eigenschaften auch negative Auswirkungen auf den Zusagewert, da diese Person leichter zu überzeugen ist – genauso durch andere Verkäufer und Verkäuferinnen. Zusagen sind daher nicht immer zuverlässig. Für schnelle Deals ist dieser Menschentyp gut geeignet, für längere Verkaufsprozesse jedoch weniger.

Denken Sie daran, dass rot-gelbe Menschen trotz ihrer Zugänglichkeit eine Herausforderung darstellen. Ihr kritischer und anspruchsvoller Charakter bedeutet, dass ständig Höchstleistungen von Ihnen erwartet werden. Bleiben Sie flexibel und innovativ, um Aufmerksamkeit und Vertrauen langfristig zu gewinnen. So sichern Sie, dass Ihre Geschäftsbeziehung nicht nur kurzfristig, sondern auch langfristig erfolgreich ist.

5.3.4 Persönlichkeitstyp im Ampelsystem Blau-Rot

Der blau-rote Menschentyp stellt eine anspruchsvollere Variante menschlicher Persönlichkeiten dar (Abb. 5.6). Diese Person wird anfangs skeptisch Ihnen gegenüber sein und viele Fragen stellen, um zu überprüfen, ob Ihr Angebot in ihr Konzept passt, bevor Sie Ihre Verkaufsargumente vorbringen können. Sie können sie durch kognitive Intelligenz und logische Argumentation überzeugen. Wenn sie Ihre logischen Schlussfolgerungen jedoch nicht gut findet, kann sie dominant und bestimmend

Abb. 5.6 Ampelsystem Blau-Rot

wirken. Aber keine Sorge! Mit einer selbstbewussten und leicht dominanten Haltung werden Sie wieder Zugang zu ihr finden.

Blau-roter Menschentyp: Erkennungsmerkmale

Sie können diesen Menschentyp an folgenden verbalen Äußerungen erkennen:

- „Wie funktioniert das?"
- „Kommen Sie zum Punkt."
- „Welche Konsequenzen ergeben sich daraus?"
- „Wie wird das erreicht?"
- „Ich habe wichtigere Dinge zu erledigen."
- „Zeigen Sie mir Daten und Fakten."
- „Das ist nicht logisch."

Nonverbal können Sie diesen Menschentyp an folgender Körpersprache erkennen:

- Einen festen Blick auf die Daten.
- Keine Spiegelung Ihrer Körperhaltung.
- Nachdenkliche Gesten.
- Eine nach vorne gebeugte Haltung.

Diese Verhaltensweisen deuten darauf hin, dass diese Person einem kontinuierlichen Zeitdruck ausgesetzt ist und Gespräche, die geführt werden, einer gründlichen Prüfung ihres potenziellen Mehrwerts unterzieht.

Ihr Verhalten als Verkäufer oder Verkäuferin

Als Verkäufer oder Verkäuferin werden Sie von diesem Typus gründlich geprüft. Sie müssen seine Tests bestehen, um als wertvolle Bereicherung wahrgenommen zu werden. Sobald Sie Zugang gefunden haben, können Sie diese Person auf sachlicher Ebene zum Abschluss bringen. Emotionen spielen hier keine Rolle; entscheidend ist der Mehrwert Ihrer Lösung im

Vergleich zur derzeitigen Situation und zur Konkurrenz. Auch dominantes Verhalten ist eine Eigenschaft dieses Typs. Wenn Ihre Argumente nicht überzeugen, setzen Sie auf Daten und Fakten. Außerdem ist Ihr Selbstbewusstsein wichtig, um sachliche Zweifel zu zerstreuen.

Um diesen Menschentyp zu überzeugen, können Sie zusätzliche Strategien nutzen. Präsentieren Sie detaillierte Fallstudien und Erfolgsberichte, um die Effizienz Ihrer Lösung zu belegen. Bereiten Sie sich gründlich auf potenzielle Fragen und Einwände vor und bieten Sie präzise Antworten. So halten Sie die Aufmerksamkeit.

> Abweichungen beim prognostizierten Umsatzwert mit diesem Ampeltyp bei durchschnittlich 20 %.

Das bedeutet, dass von fünf Zusagen eines möglicherweise nicht zum Erfolg führt. Dennoch ist die Erfolgswahrscheinlichkeit hoch genug, um den Aufwand zu rechtfertigen. Es wird Zeit und Anstrengung kosten, Zugang zu diesem Menschentyp zu finden, und auf dem Weg werden Sie möglicherweise mit Herausforderungen konfrontiert. Aber die Anstrengungen lohnen sich. Wenn diese Personengruppe Ihr Angebot als wertvoll erkennt, haben Sie einen loyalen und effizienten Partner oder eine loyale und effiziente Partnerin gewonnen. Ihre Intelligenz und Beständigkeit werden dazu führen, Ihre Lösung innerhalb ihres Unternehmens zu fördern und so zu einem erfolgreichen Abschluss beizutragen. Daher hat dieser Typ in Ihrer Prognoseeinschätzung den zweithöchsten Zusagewert.

Nach einem erfolgreichen Verkaufsabschluss ist es wichtig, eine langfristige Beziehung zu diesem Kunden oder dieser Kundin aufzubauen. Bieten Sie regelmäßige Updates und zusätzliche Supportleistungen an, um sicherzustellen, dass Ihre Lösung optimal genutzt wird. Ein zufriedener Kunde oder eine zufriedene Kundin dieses Typs wird nicht nur wiederholt bei Ihnen kaufen, sondern auch als starker Fürsprecher oder starke Fürsprecherin in seinem oder ihrem Netzwerk fungieren.

Zusammenfassend ist der Umgang mit dem blau-roten Menschentyp anspruchsvoll, aber lohnend. Durch logische Argumente, überzeugende Daten und ein selbstbewusstes Auftreten können Sie diesen anspruchsvollen Kunden oder diese anspruchsvolle Kundin gewinnen und eine langfristige, produktive Beziehung aufbauen. Der Aufwand, den Sie in die Vorbereitung und den Verkaufsprozess investieren, wird sich durch die hohe Loyalität und Effizienz dieses Kundentyps mehrfach auszahlen.

5.3.5 Persönlichkeitstyp im Ampelsystem Blau-Grün

Der blau-grüne Menschentyp repräsentiert eine weitere vielschichtige Abwandlung von menschlichen Charaktereigenschaften (Abb. 5.7). Diese Person eignet sich gut für sachlich-beziehungsorientierte Verkäuferinnen und Verkäufer. Sie erreichen diesen Kundentyp am besten durch eine auf Daten und Fakten basierende Gesprächsführung. Diese wird dazu beitragen, dass seine oder ihre anfängliche Skepsis Ihnen gegenüber abnimmt. Die grünen Aspekte der Persönlichkeit ermöglichen Ihnen den Zugang über die Beziehungsebene. Eine lockere, sachliche und herzliche Gesprächsführung ist hier genau richtig.

Blau-grüner Menschentyp: Erkennungsmerkmale

Sie können diesen Menschentyp an folgenden verbalen Äußerungen erkennen:

- „Wie könnte das funktionieren?"
- „Ich bin leider aus zeitlichen Gründen sehr kurz angebunden."
- „Können die Funktionen dabei hilfreich sein?"
- „Wie könnte das erreicht werden?"

Abb. 5.7 Ampelsystem Blau-Grün

* „Ich habe heute sehr viele Termine."
* „Könnten Sie mir die Daten und Fakten zeigen?"
* „Ich kann den Ergebnissen nicht folgen."

Nonverbal können Sie diesen Menschentyp an folgender Körpersprache erkennen:

* Die Person schaut abwechselnd zu den Daten und zu Ihnen, mit einem ruhigen, wachen Blick.
* Sie oder er spiegelt Ihre Körperhaltung moderat.
* Während des Gesprächs macht die Person nachdenkliche und positiv gestimmte Gesten.
* Die Körpersprache ist generell nachdenklich und einladend.

Zusätzlich trägt dieser Menschentyp oft einen Notizblock oder Laptop bei sich, auf dem wichtige Informationen notiert oder Diagramme überprüft werden. Die Gestik ist kontrolliert und minimal, was die analytische Natur unterstreicht.

Ihr Verhalten als Verkäufer oder Verkäuferin

Ihre Ansprechperson ist analytisch und einladend. Verkäuferinnen und Verkäufer, die Zahlenaffinität besitzen, werden hier besonders gut aufgenommen. Wenn Sie Ihre Intelligenz mit beziehungsorientierten Elementen verbinden, werden Sie bei diesem Typ Mensch sehr erfolgreich sein. Hingegen könnten rein beziehungsorientierte Verkäuferinnen und Verkäufer Schwierigkeiten haben, ernst genommen zu werden.

Bleiben Sie bei Ihrer Ansprechperson auf der sachlichen Ebene und nutzen Sie eine Prise trockenen Humor. So können Sie sich von anderen Vertriebsmitarbeitern abheben. Verwenden Sie visuell ansprechende und datenreiche Präsentationen mit Diagrammen, Tabellen und Infografiken. Ihre Argumente sollten logisch und schrittweise aufgebaut sein, um die analytische Denkweise dieses Menschentyps zu unterstützen.

Abweichungen beim prognostizierten Umsatzwert mit diesem Ampeltyp bei durchschnittlich 40 %.

Eine passende Verkäuferin oder ein passender Verkäufer wird leicht Zugang zu dieser Person finden. Der Zeitaufwand liegt im mittleren Bereich im Vergleich zu anderen Typen. Sie werden eine angenehme Gesprächspartnerin oder einen angenehmen Gesprächspartner vorfinden, der oder die wenig Wert auf Etikette legt. Da es sich um einen lösungsorientierten Menschentyp handelt, können Sie Ihre Mehrwerte gut im Vergleich zur Konkurrenz präsentieren. Die grünen Elemente bedeuten jedoch, dass die Durchsetzungskraft gering ist, was es schwierig macht, Ihr Angebot im Unternehmen durchzusetzen. Die Person wird die Mehrwerte Ihres Angebots herausarbeiten und versuchen, diese im Unternehmen zu platzieren. Da der Wunsch nach Bestätigung im Unternehmen jedoch groß ist, besteht die Gefahr, dass sie oder er von den Budgetentscheidern als Spielball genutzt wird. Deshalb besitzt dieses Ampelsystem einen mittelmäßig verlässlichen Zusagewert in Ihrer Prognose.

Um dieses Risiko zu verringern, unterstützen Sie die Person dabei, Ihre Mehrwerte klar und überzeugend an Kolleginnen, Kollegen und Vorgesetzte zu kommunizieren. Liefern Sie detaillierte Berichte, unterstützende Studien und Erfolgsgeschichten. Bereiten Sie sie oder ihn auf mögliche Einwände und Fragen der Budgetentscheiderinnen und -entscheider vor und stehen Sie als beratende Partnerin oder beratender Partner zur Seite. Dies stärkt die Position im Unternehmen und erhöht die Wahrscheinlichkeit, dass Ihr Angebot angenommen wird.

5.3.6 Persönlichkeitstyp im Ampelsystem Blau-Gelb

Eine weitere Variante ist der blau-gelbe Menschentyp (Abb. 5.8). Diese Person erscheint Ihnen als offene und intelligente Ansprechperson. Ihre vorwiegend blauen Merkmale ermöglichen ein sachlich orientiertes Ver-

Abb. 5.8 Ampelsystem Blau-Gelb

kaufsgespräch. Diese analytisch denkende Person schätzt klare und präzise Informationen, die auf Fakten und logischen Schlussfolgerungen basieren. Die gelben Merkmale bieten Ihnen die Möglichkeit, alle Neuheiten und innovativen Aspekte Ihres Angebots vorzustellen, da dieser
Menschentyp besonders empfänglich für kreative Ideen und Lösungen ist.

Blau-gelber Menschentyp: Erkennungsmerkmale

Sie können diesen Menschentyp an folgenden verbalen Äußerungen
erkennen:

* „Welche Updates sind zu erwarten?"
* „Ich bin zeitlich extrem eingespannt."
* „Wie werden meine bestehenden Prozesse davon profitieren?"
* „Welche Funktionen sind hier hilfreich?"
* „Heute arbeite ich an einer Vielzahl unterschiedlicher Themen."
* „Ich kenne die Daten bereits – zeigen Sie mir bitte, was mir noch nicht
  bekannt ist."
* „Sind diese Ergebnisse aktuell oder noch vom letzten Jahr?"

Diese Fragen deuten darauf hin, dass diese Person nach Effizienz und
neuen Informationen sucht.
Nonverbal erkennen Sie diesen Menschentyp durch folgende Verhaltensweisen:

* Schnelles Durchblättern von Daten und Umgebung.
* Hohe Aufmerksamkeit für die Umgebung.
* Nachdenkliche und aktive Gesten während der Unterhaltung.

Diese Verhaltensmuster signalisieren, dass diese Person ständig auf der
Suche nach neuen Informationen und Erkenntnissen ist.

Ihr Verhalten als Verkäufer oder Verkäuferin

Nutzen Sie die analytischen und flexiblen Eigenschaften dieses Menschentyps für Ihr Projekt. Da diese Personen logische Schlussfolgerungen bevorzugen, benötigen Sie gut durchdachte und solide Verkaufsunterlagen.
Ohne interessante und innovative Angebote werden Sie jedoch keinen
Erfolg haben. Ihre Präsentation sollte klar strukturiert, aber dennoch attraktiv sein. Berücksichtigen Sie alle Aspekte ihrer Persönlichkeit beim
Verkaufsgespräch und bei der Erstellung Ihrer Verkaufsunterlagen. Krea-

tive und innovative Lösungen, die einen deutlichen Nutzen bieten, werden ihre Aufmerksamkeit und ihr Interesse wecken.

> Abweichungen beim prognostizierten Umsatzwert mit diesem Ampeltyp bei durchschnittlich 60 %.

Ein Verkäufer oder eine Verkäuferin, die sachlich und intuitiv vorgeht, wird leicht Kontakt zu diesen potenziellen Kunden herstellen können. Der Aufwand hierfür ist gering. Sie werden auf offene und hochintelligente Ansprechpartner treffen, die innovative und gut durchdachte Ansätze bevorzugen.

Allerdings können die gelben Merkmale die Prognose erschweren. Selbst wenn diese Personen derzeit begeistert von Ihren Dienstleistungen sind, kann dies nur ein vorübergehender Zustand sein. Daher ist Ihre Prognose unsicher, und es wird mit der Zeit schwieriger, den Abschluss zu erreichen. Je mehr Zeit zwischen Ihrem Angebot und dem Vertragsabschluss vergeht, desto geringer wird die Wahrscheinlichkeit des Abschlusses. Stellen Sie daher die richtigen Anreize zur Verfügung und bleiben Sie stets auf dem neuesten Stand, um ihr Interesse und ihre Aufmerksamkeit aufrechtzuerhalten.

5.3.7 Persönlichkeitstyp im Ampelsystem Grün in allen Variationen

Ihre Ansprechperson hat eine stark grüne Persönlichkeit, was für Ihre Prognosen problematisch ist. Sie können nicht sicher einschätzen, ob die Zusage aus einem Wunsch nach Bestätigung stammt oder ob wirklich ein Mehrwert in Ihrer Lösung gesehen wird (Abb. 5.9). Auch wenn diese Person zusätzlich rote oder blaue Eigenschaften hat, werden Sie keine siche-

Abb. 5.9 Ampelsystem Grün in allen Variationen

ren Anhaltspunkte erkennen können. Grüne Menschen vermeiden oft
Konflikte und suchen Harmonie, was ihre Aussagen schwer einschätz-
bar macht.

Trotz dieser Nachteile steht dieser Typus nicht an letzter Stelle in Ihrem
Prognoseranking, sondern an vorletzter. Die Zusagen von grünen Ansprechpartnerinnen können alles bedeuten, haben jedoch einen verläss-
licheren Charakter als die von primär gelben Ansprechpartnerinnen, die
für ihre Flexibilität und Unverbindlichkeit bekannt sind. Grüne Personen tendieren dazu, Zusagen zu machen, um Harmonie zu bewahren,
was eine gewisse Konsistenz schafft.

Erkennungsmerkmale

Sie können diesen Menschentyp an folgenden verbalen Äußerungen
erkennen:

- „Sie wissen sicher am besten, wie das erreicht werden kann."
- „Sagen Sie mir bitte, wie viel Zeit ich brauchen werde."
- „Helfen Sie mir bitte bei der Umsetzung."
- „Ich werde mir so viel Zeit nehmen, wie Sie für notwendig halten."
- „Ich werde diese Daten jemandem anderen zeigen, um sicherzugehen."

Solche Aussagen zeigen den Wunsch nach Zustimmung und Unterstützung.
Nonverbal erkennen Sie diese Personen an:

- Einem erwartungsvollen und herzlichen Blick.
- Starker Spiegelung Ihrer Körperhaltung.
- Wohlwollenden und beruhigenden Gesten sowie einer einladenden
  Körpersprache.

Ihr Verhalten als Verkäufer oder Verkäuferin

Da Ihre Ansprechperson eine einladende Persönlichkeit hat und eine angenehme Atmosphäre schafft, besteht für beziehungsorientierte Verkäuferinnen und Verkäufer die Gefahr, sich zu sehr auf diese Rahmenbedingungen einzulassen und ihre eigenen Ziele nicht zu priorisieren.
Wenn Sie dem Wunsch dieser Person nach Bestätigung nachgeben, schaden Sie letztlich beiden Seiten. Versuchen Sie daher, den Kern des Bestätigungswunsches zu verstehen und passen Sie Ihre Ausführungen an

die sekundären Persönlichkeitsmerkmale an. Diese Strategie wird Ihnen helfen, Ihr Ziel zu erreichen.

Es ist zudem hilfreich, bei dieser Person etwas Verbindlichkeit zu erzeugen, da die sekundären Persönlichkeitsmerkmale unter sanftem Druck deutlicher hervortreten. Sie können das durch gezielte Fragen oder das Aufzeigen möglicher Risiken erreichen. Auch wenn die Person herzlich und zuvorkommend ist, müssen Sie an Ihren definierten Schwerpunkten festhalten. Sie müssen so vorgehen, dass die Person ihren sekundären Verhaltenskomplex zeigt. Darauf aufbauend können Sie dann Ihre Argumentation fortsetzen und den Verkaufsprozess voranbringen.

Die geringen Zugangshürden zu dieser Person bedeuten, dass Sie im Nachgang viel Zeit und Energie investieren müssen. Diese Person ist sympathisch und zuvorkommend, aber ihre stark bestätigungsorientierte primäre Persönlichkeitsstruktur wird Ihnen in Ihrem Verkaufserfolg im Wege stehen. Der Fokus muss daher auf die sekundäre Persönlichkeitsstruktur gelegt werden, was anstrengend und zeitaufwendig ist. Wenn Sie jedoch eine Verkäuferin oder ein Verkäufer sind, dem diese Vorgehensweise liegt, werden Sie Freude an der Zusammenarbeit mit dieser Person haben. Sie müssen jedoch damit rechnen, dass diese Interaktionsweise über mehrere Wochen oder Monate aufrechterhalten werden muss, bis ein Verkaufsabschluss erreicht ist. In dieser Zeit sollten Sie kontinuierlich den Fokus auf die sekundären Persönlichkeitsmerkmale legen und die Verbindlichkeit aufrechterhalten, um die gewünschten Ergebnisse zu erzielen.

Dies impliziert, dass die Vorhersage des Zusagewerts mit einer hohen Unsicherheit behaftet ist und nicht sehr vertrauenswürdig ist. Die Wahrscheinlichkeit ist hoch, dass der tatsächliche Umsatzwert von der Prognose abweichen wird. Aus diesem Grund sollten Entscheidungen, die auf dieser Prognose basieren, mit Bedacht getroffen werden.

> Abweichungen beim prognostizierten Umsatzwert mit diesem Ampeltyp bei durchschnittlich 70 %.

5.3.8 Persönlichkeitstyp im Ampelsystem Gelb in allen Variationen

Beim gelben Menschentyp stößt man im Neukundenvertrieb auf die größten Herausforderungen (Abb. 5.10). Ihre Zusagen sind oft nur von kurzer Dauer und unterliegen durch verschiedene Einflüsse ständigen Veränderungen. Ihr Bestreben nach Selbstverwirklichung und ihr Bedürfnis nach immer neuen Lösungen können sich negativ auf Ihr Vorhaben auswirken. Dieser Typ hat die geringste Prognosesicherheit in Bezug auf den Zusagewert, da seine Aussagen sehr unbeständig sind.

Erkennungsmerkmale

Sie können diesen Menschentyp an folgenden verbalen Äußerungen erkennen:

- „Teilen Sie mir bitte alle Neuerungen mit."
- „Ich bin zeitlich extrem eingespannt."
- „Welche Funktionen sind die modernsten?"
- „Ich finde das alles fantastisch."
- „Was sind die künftigen Neuheiten, die Sie planen?"
- Weitere Äußerungen, die auf eine dynamische Kommunikation hindeuten.

Auch die Körpersprache dieses Menschentyps ist charakteristisch:

- Sie blicken ständig umher, haben einen schnellen und wachsamen Blick.
- Sie reflektieren ihre Umgebung stark.
- Sie gestikulieren viel während des Gesprächs.
- Ihre Körpersprache ist insgesamt dynamisch.

Gelb

Abb. 5.10 Ampelsystem Gelb in allen Variationen

Ihr Verhalten als Verkäufer oder Verkäuferin

Ihre Ansprechperson wird eine lebhaft-interessierte Persönlichkeit sein. Diese Person wird alles in ihrer Macht Stehende tun, um möglichst viele Informationen von Ihnen zu erhalten.

Ungeschulte Verkäuferinnen und Verkäufer deuten diese Signale oft fälschlicherweise als Kaufinteresse und geben zu viele Details preis. Warum auch nicht? Die Käuferin oder der Käufer scheint doch sehr an Ihrem Produkt interessiert zu sein.

Sie sollten sich vor diesem Trugschluss hüten. Durch einen Informationsüberfluss wecken Sie kein Kaufinteresse, sondern nur den Wunsch nach noch mehr Informationen. Versuchen Sie, das primäre Interesse dieser Person zu erkennen und dort anzusetzen. Nebensächliche Informationen führen nicht zum Erfolg, da sie von der Dynamik des Gesprächs überschattet werden.

Egal wie neugierig und wissbegierig Ihre Ansprechperson ist, sollten Sie im Verkaufsgespräch mit Bedacht vorgehen. Präsentieren Sie Ihr Unternehmen und Ihre Lösungen als etwas Besonderes und bieten Sie besondere Branchen-Insights nur für Bestandskundinnen und Bestandskunden an. Neukundinnen und Neukunden erhalten nur grundlegende Informationen, die für eine Entscheidung zum Kauf der Lösung notwendig sind. Ausführliche Erkenntnisse aus der Branche der Ansprechperson werden erst nach einem Vertragsabschluss zugänglich gemacht. Stellen Sie Ziele, Visionen und Prognosen oberflächlich dar und nutzen Sie die Neugier Ihres Gegenübers, denn Ihr Angebot bleibt nur so lange attraktiv, wie es Neues zu entdecken gibt. Danach verliert es an Reiz.

Obwohl die initialen Barrieren bei dieser Person gering erscheinen, können sie später zu Umsatzeinbußen führen. Der Zeitaufwand, den Sie für diese Person im Vergleich zu anderen Typen aufwenden müssen, ist sehr hoch. Sie werden es mit einer dynamischen und wachsamen Ansprechperson zu tun haben, die jedoch aufgrund ihrer Sprunghaftigkeit schnell das Interesse verlieren kann.

Um die Aktualität Ihres Angebots aufrechtzuerhalten, sind beträchtliche Anstrengungen und ein hoher Zeitaufwand erforderlich. Ihre einzige Möglichkeit besteht darin, nicht alle für den Erstkauf notwendigen Informationen preiszugeben und Ihr Angebot durch eine Art exklusiven

Zugang im Wert zu erhöhen. Dadurch erhalten nur Bestandskundinnen und Bestandskunden Zugang zu kosten- und zeitintensiven Informationen. Wecken Sie das grundlegende Interesse dieser Person, ohne alle Details zu offenbaren.

Ein weiterer entscheidender Aspekt beim Umgang mit diesem Menschentyp ist die Fähigkeit, ein Gespräch zu führen. Stellen Sie gezielte Fragen, um die dynamische Natur dieser Person zu steuern. Offene Fragen, die auf tiefere Informationen abzielen, helfen dabei, das Gespräch nicht vom eigentlichen Thema abzudriften und gleichzeitig die Kontrolle darüber zu behalten. Auf diese Weise können Sie sicherstellen, dass das Gespräch auf die für Sie wichtigen Punkte fokussiert bleibt und nicht in unwichtige Nebensächlichkeiten abgleitet.

> Abweichungen beim prognostizierten Umsatzwert mit diesem Ampeltyp bei durchschnittlich 80 %.

Nutzen Sie die dynamische Natur dieses Menschentyps für Ihre Zwecke. Lenken Sie ihre Aufmerksamkeit auf Ihr Angebot, sodass sie ihre Sprunghaftigkeit innerhalb dieses Rahmens ausleben kann. Damit besteht die Möglichkeit, diese Person zu einem Vertragsabschluss zu bewegen. Schließlich bietet niemand anders ein vergleichbares Angebot. Dieser Typ steht nicht ohne Grund an letzter Stelle in Ihrer Prognoseeinschätzung, da der Wert ihrer Zusagen sehr gering ist. Die Zusagen von primär gelben Ansprechpartnerinnen und Ansprechpartnern haben denselben Wert wie die Anzahl der Mitbewerber und Mitbewerberinnen, denen Sie den Rang ablaufen müssen.

Bedenken Sie, dass der langfristige Aufbau einer Kundenbeziehung mit diesem Typ eine kontinuierliche Herausforderung darstellt. Sie müssen stetig innovativ und aktuell bleiben, um das Interesse aufrechtzuerhalten. Dies erfordert kreative Marketingstrategien und eine agile Produktentwicklung, die schnell auf neue Trends und Kundenanforderungen reagieren kann. Eine regelmäßige Analyse und Anpassung Ihrer Angebote ist essenziell, um langfristig erfolgreich zu sein.

Insgesamt fordert der Umgang mit dem gelben Menschentyp viel
Taktgefühl, Geduld und strategisches Vorgehen. Wenn es Ihnen gelingt,
ihre sprunghafte Art zu managen und ihr Interesse dauerhaft zu wecken,
kann auch dieser anspruchsvolle Kunde oder diese anspruchsvolle Kundin zu einem wertvollen Bestandteil Ihrer Kundenbasis werden.

Weiterführende Fragen/Checkliste

- Warum ist das Einschätzen von Persönlichkeitstypen im Verkaufsprozess wichtig?
- Welche Vorteile bietet das vorgestellte System für Verkaufsprognosen?
- Wie viele unterschiedliche Menschenbilder werden in dem Kapitel vorgestellt?
- Was ist der Zweck der Kombination von Primär- und Sekundärausprägungen bei Persönlichkeitstypen?
- Wie sollte man laut Text mit einem Menschentyp der roten Insel umgehen?
- Welche Herausforderungen bietet der Menschentyp der grünen Insel für Verkäufer und Verkäuferinnen?
- Was zeichnet die Bewohner und Bewohnerinnen der gelben Insel aus?
- Wie erkennt man einen blau-roten Menschentyp und wie sollte man ihn oder sie ansprechen?
- Was ist das Hauptziel der Differenzierung und Segmentierung von Menschenbilder im Verkaufsprozess?
- Was zeichnet die Bewohner und Bewohnerinnen der blauen Insel aus?

6

Die Potenzialeinschätzung

Dieses Kapitel behandelt die zweite und letzte Phase des Analyseteils des Temperament-Sales-Modells und konzentriert sich auf die richtige Einschätzung des Potenzials. Es wird gezeigt, wie Sie die Fehlerwahrscheinlichkeiten der Zusagewerte Ihrer Ansprechpartnerinnen und Ansprechpartner im Kontext der jeweiligen Verkaufsinteraktionsphase kombinieren und gewichten können, um die Genauigkeit Ihrer Prognosen weiter zu verbessern. Erfahren Sie, wie Sie diese Informationen in Ihre Prognosen einbeziehen, indem Sie durch Ihr Voranschreiten der drei aktiven Phasen im Temperament-Sales-Modell automatisch Ihre Verkaufsinteraktionsphasen beeinflussen, um präzisere Umsatzschätzungen zu erstellen. Sie erhalten das notwendige Werkzeug, um die Herausforderungen bei der Prognoseerstellung zu meistern und Ihre Umsatzplanung zu optimieren (Abb. 6.1).

© Der/die Autor(en), exklusiv lizenziert an Springer Fachmedien Wiesbaden GmbH, ein Teil von Springer Nature 2025
O. Arzuman, *Erfolg im Neukundengeschäft mit dem Temperament-Sales-Modell*,
https://doi.org/10.1007/978-3-658-46624-4_6

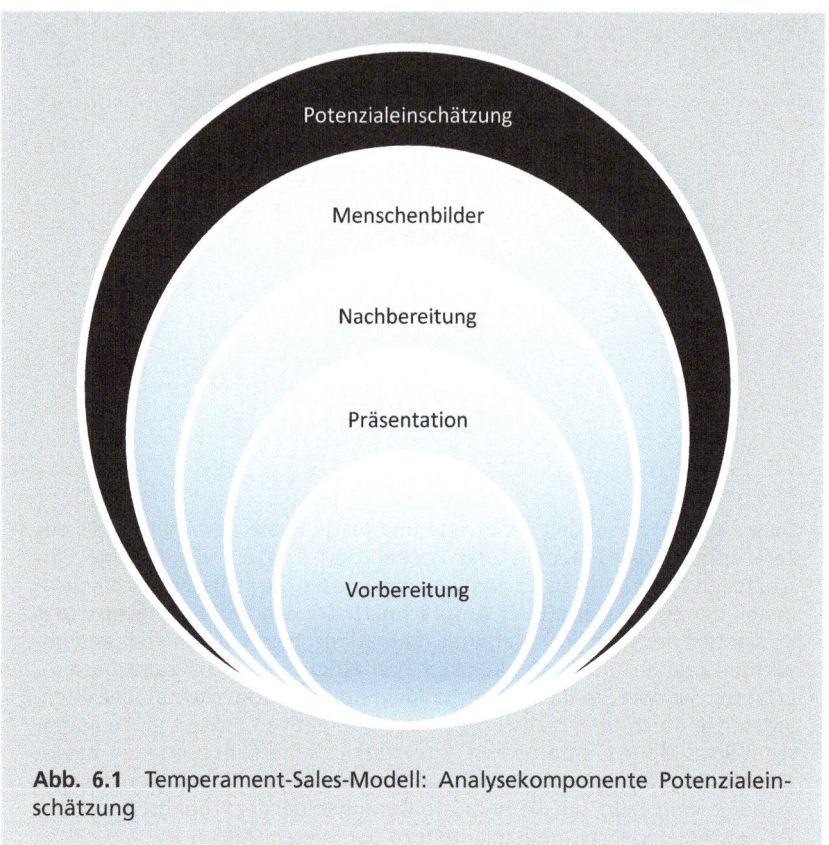

Abb. 6.1 Temperament-Sales-Modell: Analysekomponente Potenzialeinschätzung

In diesem Kapitel erfahren Sie, wie Sie die Fehlerwahrscheinlichkeiten in den Zusagen Ihrer Ansprechpersonen im Rahmen der jeweiligen Verkaufsinteraktionsphasen „Interesse angenommen", „Potenzial bestätigt" und „Angebot abgegeben" kombinieren und gewichten können, um die Genauigkeit Ihrer Prognosen erheblich zu verbessern, wie in Abschn. 6.1 näher erläutert. Sie lernen, diese wertvollen Informationen systematisch in Ihre Prognosen zu integrieren, indem Sie sich mit den Interaktionskomponenten des Temperament-Sales-Modells „Vorbereitung", „Präsentation" und „Nachbereitung" beschäftigen, um präzisere und verlässlichere Umsatzprognosen zu erstellen (Abb. 6.2).

Durch die Anwendung der vorgestellten Methoden lernen Sie, die verschiedenen Verkaufsphasen detailliert zu analysieren und die jeweiligen

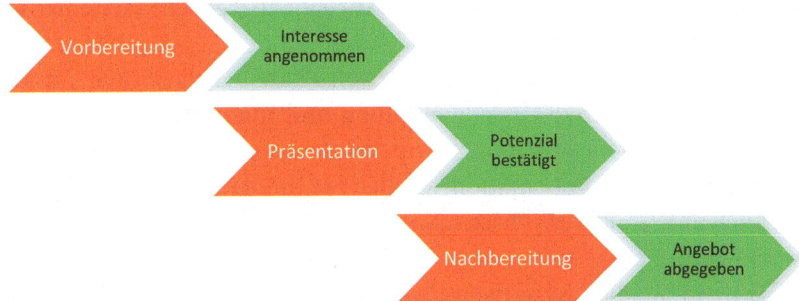

Abb. 6.2 Temperament-Sales-Phasen

Fehlerwahrscheinlichkeiten gezielt zu berücksichtigen. Dazu gehört die Identifikation und Gewichtung von Unsicherheitsfaktoren, die in jeder Phase des Verkaufsprozesses auftreten können. Sie werden in die Lage versetzt, potenzielle Abweichungen frühzeitig zu erkennen und entsprechende Anpassungen in Ihren Prognosen vorzunehmen.

Ein zentraler Aspekt dieses Kapitels ist die praktische Anwendung dieser Erkenntnisse, um die Herausforderungen bei der Prognoseerstellung im Neukundengeschäft zu meistern. Sie erhalten fundierte Werkzeuge und Techniken, die Ihnen helfen, die Komplexität der Umsatzplanung zu bewältigen und Ihre Vorhersagen kontinuierlich zu optimieren. Durch die Integration von Fehlerwahrscheinlichkeiten und deren Gewichtung in Ihren Verkaufsinteraktionsphasen können Sie nicht nur die Genauigkeit Ihrer Umsatzschätzungen verbessern, sondern auch eine stabilere und realistischere Planung gewährleisten.

Nutzen Sie diese Werkzeuge, um Ihre Verkaufsstrategie zu optimieren, Ihre Umsatzschätzungen zu präzisieren und die Herausforderungen bei der Prognoseerstellung zu meistern.

6.1 Das Potenzial innerhalb der Sales-Pipeline

Mit dem Voranschreiten in den drei aktiven Phasen des Temperament-Sales-Modells – Vorbereitung, Präsentation und Nachbereitung – können Sie den Fortschritt der drei Verkaufsinteraktionsphasen – Interesse angenommen, Potenzial bestätigt und Angebot abgegeben – systematisch überprüfen und steuern.

Der Prozess startet in der ersten aktiven Phase „Vorbereitung", in der Sie durch eine positive Grundeinstellung und fundierte Recherche den Termin-Pitch entwickeln, der Sie zur Präsentation führt. In der zweiten aktiven Phase, der „Präsentation", stellen Sie Ihre Lösung vor, und in der abschließenden aktiven Phase „Nachbereitung" verwalten Sie die Vertragsabwicklung.

Während Sie die drei aktiven Phasen des Temperament-Sales-Modells durchlaufen, bewerten Sie parallel das Potenzial Ihrer Kundinnen und Kunden in den entsprechenden Verkaufsinteraktionsphasen: In der aktiven Phase „Vorbereitung" können Sie auf die Verkaufsinteraktionsphase „Interesse angenommen" gelangen, in der aktiven Phase „Präsentation" kann die Verkaufsinteraktionsphase „Potenzial bestätigt" erreicht werden, und in der aktiven Phase „Nachbereitung" kann die Verkaufsinteraktionsphase „Angebot abgegeben" erreicht werden.

Durch die fortlaufende Steuerung und das Voranschreiten in den aktiven Phasen des Temperament-Sales-Modells passen Sie Ihre Verkaufsstrategie gezielt an und optimieren die Kundenakquise in den entsprechenden Verkaufsinteraktionsphasen.

Dieser Ansatz gibt Ihnen zudem die Möglichkeit, die Verkaufsinteraktionsphasen mit den Fehlerwahrscheinlichkeiten der Zusagewerte zu verknüpfen, was zu einer noch präziseren Potenzialeinschätzung führt. So gewinnen Sie eine klare Einschätzung des Potenzials Ihrer Kunden und können Ihre Verkaufsergebnisse nachhaltig prognostizieren (Abb. 6.3).

Die erste Verkaufsinteraktionsphase wird „Interesse angenommen" genannt und ist abgeschlossen, sobald Sie zur nächsten Phase übergehen.

Die Verkaufsinteraktionsphasen werden durch die aktiven Phasen im Temperament-Sales-Modell beeinflusst. Je besser Sie sich auf die Temperamente Ihrer Ansprechpersonen einstellen und emotional begegnen

Abb. 6.3 Verkaufsinteraktionsphasen

können werden Sie als Verkäufer oder Verkäuferin Ihre Verkaufsstrategie anpassen und die Effizienz in den Verkaufsinteraktionsphasen steuern.

Die Kunst der Potenzialeinschätzung liegt darin, Ihre aktiven Aktivitäten bei potenziellen Neukundinnen und Neukunden klar und genau abzugrenzen und Ihre Ausführungen von Ihren Ansprechpartnern annehmen und bestätigen zu lassen, um an die jeweiligen Verkaufsinteraktionsphasen zu gelangen.

Wenn Sie in der ersten aktiven Phase „Vorbereitung" einen Lead identifiziert haben, der ein hohes Potenzial aufweist, und Sie diesen Lead kontaktiert haben, wird Ihre erste Verkaufsinteraktionsphase „Interesse angenommen" bestätigt, wenn die Ansprechperson den Mehrwert durch Ihre angebotene Lösung anerkennt. Dies ist auch dann der Fall, wenn die Ansprechperson nur Informationen anfordert oder einen Präsentationstermin vereinbart. Beides zeigt, dass Sie bei Ihrer Ansprechpartnerin oder Ihrem Ansprechpartner Interesse geweckt haben.

Die nächste Phase der Verkaufsinteraktion „Potenzial bestätigt" erreichen Sie mittels der aktiven Phase „Präsentation" bei der potenziellen Neukundin oder dem potenziellen Neukunden. In dieser Phase ist es entscheidend, Ihre Lösungen klar und überzeugend darzustellen. Ziel ist es, das Vertrauen der potenziellen Neukundin oder des potenziellen Neukunden zu gewinnen und das Interesse in eine konkrete Handlungsbereitschaft umzuwandeln. Nach der Präsentation können Sie in die Verkaufsinteraktionsphase „Potenzial bestätigt" gelangen, wenn die potenzielle Neukundin oder der potenzielle Neukunde das vorher angenommene Interesse durch das Erkennen des Potenzials bestätigt und von Ihnen weiterführende Informationen benötigt. Falls Ihre Ansprechperson mitten in der Präsentation Ihre Ausführungen unterbricht oder nach der Präsentation Ihrer Lösung keine weiteren Informationen benötigt, wissen Sie, woran Sie sind, und können keine weiteren Aktionen setzen. Sie verbleiben weiterhin in der Verkaufsinteraktionsphase „Interesse angenommen".

Die Verkaufsinteraktionsphase „Potenzial bestätigt" geht erst in die Verkaufsinteraktionsphase „Angebot abgegeben" über, wenn eine Angebotsanfrage vorliegt. Ab diesem Zeitpunkt befinden Sie sich in der dritten aktiven Phase der „Nachbereitung". In dieser Phase ist es von Bedeutung, alle Fragen und Bedenken der potenziellen Neukundin oder des potenziellen Neukunden detailliert zu klären und sicherzustellen, dass alle Informationen klar und verständlich angenommen wurden. Die potenzielle Neukundin oder der potenzielle Neukunde hat die Möglichkeit, nach Ihrer Präsentation entweder ein verbindliches Angebot anzufordern oder um die Zusendung von Kosteninformationen und weiteren Details zu bitten. Sollte die Ansprechperson nach Ihrer Präsentation keine dieser Optionen gewählt haben, gelangen Sie nicht in die nächste Verkaufsinteraktionsphase.

Erst wenn Sie die Verkaufsinteraktionsphase „Angebot abgegeben" erreicht haben, befinden Sie sich in der letzten aktiven Phase der „Nachbereitung". Diese Phasen enden erst bei einem Verkaufsabschluss. Innerhalb der letzten Phasen ist es wichtig, die potenzielle Neukundin oder den potenziellen Neukunden weiterhin intensiv zu betreuen und auf alle Bedürfnisse einzugehen. Eine proaktive Kommunikation und das Bereitstellen von zusätzlichen Informationen können in dieser Phase entscheidend sein, um den Verkaufsabschluss zu erreichen.

Theoretisch gibt es nach der Verkaufsinteraktionsphase „Angebot abgegeben" weitere Unterphasen wie „verbindliche Zusage" oder „nachgelagerte Zusagen". Diese Phasen sind jedoch wenig hilfreich, da eine verbindliche Zusage der potenziellen Neukundin oder des potenziellen Neukunden keine signifikante Steigerung der Erfolgswahrscheinlichkeit bewirkt. Gründe hierfür liegen in Rahmenbedingungen, auf die die Ansprechperson keinen Einfluss hat. Erst mit dem Vertragsabschluss verlässt die potenzielle Neukundin oder der potenzielle Neukunde Ihre Neukunden-Sales-Pipeline und wird zur Bestandskundin oder zum Bestandskunden.

In den folgenden Abschnitten (vgl. Abschn. 6.2, 6.3 und 6.4) werden wir die drei Verkaufsinteraktionsphasen Ihrer potenziellen Neukundinnen und Neukunden sowie die dazugehörigen Erfolgswahrscheinlichkeiten dieser Phasen, in einen Vertragsabschluss zu übergehen, genauer betrachten. Wir werden auch analysieren, wie verschiedene externe und interne Faktoren die Übergänge zwischen den Phasen beeinflussen und welche Strategien am besten geeignet sind, um diese Übergänge zu optimieren. Einen besonderen Fokus werden wir auf den Aufbau von Vertrauen und die Pflege der Beziehung legen, da diese Elemente von zentraler Bedeutung für den langfristigen Erfolg in der Neukundengewinnung sind.

6.2   Interesse angenommen

Diese Phase der Verkaufsinteraktion in Ihrer Sales-Pipeline beginnt, sobald Ihre potenzielle Neukundin oder Ihr potenzieller Neukunde den Mehrwert Ihrer Lösung für ihr oder sein Unternehmen erkannt und angenommen hat (Abb. 6.4). Allerdings bedeutet ein fortgesetzter Kontakt nicht automatisch, dass ein Kauf zustande kommt. Es gibt viele unkontrollierbare Faktoren, auf die Sie keinen Einfluss haben. Aus diesem Grund wird diese Phase mit der geringsten Erfolgswahrscheinlichkeit auf einen erfolgreichen Abschluss gewichtet.

Sie nehmen aufgrund von Erfahrungswerten an, dass von zwanzig potenziellen Kundinnen und Kunden in dieser Phase nur eine Person tatsächlich kauft. Daher liegt die Erfolgswahrscheinlichkeit auf einen erfolgreichen Abschluss in dieser Phase nur bei 5 %. Als Basis für den potenziellen Umsatz nutzen Sie das geschätzte Kaufpotenzial Ihrer Ansprechperson.

Angenommen, Sie erwarten bei einer potenziellen Neukundin oder einem potenziellen Neukunden in dieser Phase einen Umsatz von 100.000 €. Rechnerisch bedeutet dies, dass Sie nur mit 5000 € als wahrscheinlichem Umsatz rechnen können. Um Ihr Ziel von 100.000 € Umsatz zu erreichen, benötigen Sie also 20 potenzielle Neukundinnen und Neukunden in dieser Phase mit dem gleichen erwarteten Umsatzerlös.

Jetzt kommt der entscheidende Schritt: Sie optimieren Ihre Umsatzprognose, indem Sie die Charaktereigenschaften Ihrer Ansprechpartnerin oder Ihres Ansprechpartners analysieren und berücksichtigen. Diese Eigenschaften werden mit der verbundenen Fehlerwahrscheinlichkeit der Zusagen gewichtet. Zu diesem Zweck nutzen Sie die Informationen des Ampelsystems aus Abschn. 5.3 und ordnen Ihre Ansprechperson einem Typ zu. Dann gewichten Sie diese entsprechend den Fehlerwahrscheinlichkeiten der Zusagewerte. Die Prozentwerte für diese Gewichtung sind

Abb. 6.4 Verkaufsinteraktionsphase inklusive Erfolgswahrscheinlichkeit eines Vertragsabschlusses: Interesse angenommen (5 %)

Tab. 6.1 Fehlerwahrscheinlichkeiten der 8 Ampelsysteme

Ampelsystem	Durchschnittliche Fehlerwahrscheinlichkeit des Zusagewerts
Rot-blau	10 %
Rot-grün	30 %
Rot-gelb	50 %
Blau-rot	20 %
Blau-grün	40 %
Blau-gelb	60 %
Grün	70 %
Gelb	80 %

in Tab. 6.1 aufgeführt. Durch die kombinierte Betrachtungsweise der Erfolgswahrscheinlichkeiten je Verkaufsinteraktionsphasen und den Fehlerwahrscheinlichkeiten in den Zusagewerten Ihrer Ansprechpersonen, erhalten Sie eine äußerst effiziente Methode, um das Potenzial Ihrer möglichen Kundinnen und Kunden optimal einschätzen zu können.

Ein weiterer wichtiger Punkt in dieser Phase ist die regelmäßige Überprüfung und Anpassung der Gewichtungen. Da sich Marktbedingungen, neue Wettbewerberinnen oder Wettbewerber und das wirtschaftliche Umfeld ändern können, ist es von Bedeutung, dass Sie regelmäßig überprüfen, ob Ihre ursprünglichen Annahmen und Gewichtungen noch zutreffen. Ein dynamischer Anpassungsprozess hilft dabei, die Genauigkeit Ihrer Erfolgswahrscheinlichkeiten und Umsatzprognosen zu gewährleisten.

Dokumentieren Sie alle Interaktionen mit Ihren potenziellen Neukundinnen und Neukunden sorgfältig. Jede Kommunikation, jedes Meeting und jede Rückmeldung liefern wertvolle Informationen, die Ihnen helfen, die Wahrscheinlichkeit eines erfolgreichen Abschlusses besser einschätzen zu können. Nutzen Sie ein CRM-System, um diese Daten zu erfassen und zu analysieren, damit Sie Muster und Trends erkennen können, die Ihnen weitere Einblicke in das Kaufverhalten Ihrer potenziellen Kundinnen und Kunden geben.

Es ist auch hilfreich, verschiedene Szenarien durchzuspielen und deren Auswirkungen auf Ihre Umsatzprognosen zu analysieren. Wie verändert sich die Prognose, wenn sich die Erfolgswahrscheinlichkeit in dieser Phase verdoppelt oder halbiert? Welche Maßnahmen können Sie ergreifen, um die Erfolgswahrscheinlichkeit zu erhöhen? Durch das Durchspielen solcher Szenarien sind Sie besser auf unvorhergesehene Ereignisse vorbereitet und können Ihre Strategien entsprechend anpassen.

Die Bewertung des Potenzials in Ihrer Sales-Pipeline ist von zentraler Bedeutung, da sie die Grundlage für Ihre weiteren Verkaufsaktivitäten bildet. Eine gründliche Analyse und ständige Anpassung sind entscheidend für Ihren Erfolg. Durch die Nutzung geeigneter Werkzeuge und Methoden, wie etwa der „Fehlerwahrscheinlichkeiten der 8 Ampelsysteme" in Tab. 6.1, können Sie die Genauigkeit Ihrer Prognosen erhöhen und durch angepasste Verkaufsstrategien potenzielle Kundinnen und Kunden effizienter in echte Konsumenten verwandeln.

> **Beispiel**
>
> Angenommen, Sie erwarten in der Phase „Interesse angenommen" einen Umsatz von 5 %, und der perspektivische Gesamtumsatz beträgt 100.000 €. Dies ergibt einen prognostizierten Wert von 5000 €. Diesen Wert gewichten Sie mit einer Fehlerwahrscheinlichkeit von 50 %, was bei einer rot-gelben Ampelsystem-Tendenz Ihrer Ansprechpartnerin oder Ihres Ansprechpartners 2500 € ergibt. Dies bedeutet, dass jede Zusage einer Ansprechpartnerin oder eines Ansprechpartners mit dieser Tendenz in dieser Phase einen kalkulatorischen Wert von 2500 € besitzt.
>
> Um einen gewichteten Umsatz von 100.000 € zu erreichen, benötigen Sie 40 Ansprechpartnerinnen und Ansprechpartner mit dieser rot-gelben Ampelsystem-Tendenz in der Phase „Interesse angenommen".

6.3 Potenzial bestätigt

Diese Verkaufsinteraktionsphase beginnt, wenn Sie den Präsentationstermin mit Ihren Ansprechpartnern erfolgreich abgeschlossen haben und diese das Potenzial Ihrer Lösung bestätigen (Abb. 6.5). Nach Ihrer Präsentation können unter anderem folgende Szenarien eintreten:

- Ihre Ansprechpartnerin oder Ihr Ansprechpartner bestätigt das Potenzial und verlangt eine Angebotsvariante.
- Ihre Ansprechpartnerin oder Ihr Ansprechpartner bestätigt das Potenzial und bittet um weiterführende Informationen.

Abb. 6.5 Verkaufsinteraktionsphase inklusive Erfolgswahrscheinlichkeit eines Vertragsabschlusses: Potenzial bestätigt (15 %)

- Ihre Ansprechpartnerin oder Ihr Ansprechpartner bestätigt das Potenzial und wünscht zurzeit keine weiteren Maßnahmen.
- Ihre Ansprechpartnerin oder Ihr Ansprechpartner bestätigt das Potenzial nicht und wünscht keine weiteren Maßnahmen.

Sie erreichen diese Phase, sobald die potenzielle Neukundin oder der potenzielle Neukunde das Potenzial Ihrer Lösung nach Ihrer Präsentation bestätigt. Sie gehen erst zur nächsten Phase über, wenn eine Angebotsvariante verlangt wird.

Wenn die potenzielle Kundschaft von der Phase „Interesse angenommen" in die Phase „Potenzial bestätigt" übergeht, steigt auch Ihre prognostizierte Umsatzwahrscheinlichkeit. In dieser Phase liegt sie bei 15 %. Bei einem erwarteten Umsatz von 100.000 € ergibt sich somit ein kalkulatorischer Umsatz von 15.000 €. Durch die Gewichtung der Fehlerwahrscheinlichkeit der Zusagewerte Ihrer Ansprechperson anhand des Ampelsystems (siehe Tab. 6.1) erhalten Sie Ihre endgültige kalkulatorische Umsatzprognose.

Beispiel

Angenommen, Sie erwarten in der Phase „Potenzial bestätigt" einen Umsatz von 15 %, und der perspektivische Gesamtumsatz beträgt 100.000 €. Dies ergibt einen prognostizierten Wert von 15.000 €. Diesen Wert gewichten Sie mit einer Fehlerwahrscheinlichkeit von 10 %, was bei einer rotblauen Ampelsystem-Tendenz Ihrer Ansprechpartnerin oder Ihres Ansprechpartners 13.500 € ergibt. Dies bedeutet, dass jede Zusage einer Ansprechpartnerin oder eines Ansprechpartners mit dieser Tendenz in dieser Phase einen kalkulatorischen Wert von 13.500 € besitzt.

Um einen Gesamtumsatz von 100.000 € zu erzielen, benötigen Sie demnach etwa 7,4 Ansprechpartnerinnen oder Ansprechpartner mit diesem Ampelsystem und in dieser Phase.

Der Wert von 7,4 potenziellen Neukundinnen und Neukunden ist natürlich eine theoretische Schätzung, die die realen Bedingungen nicht vollständig widerspiegelt. Dennoch hilft diese Zahl dabei, zu überprüfen, ob Ihre gesamte Pipeline und die Eigenschaften Ihrer Ansprechpartnerinnen und Ansprechpartner es Ihnen ermöglichen, Ihre Umsatzziele zu erreichen. Falls dies nicht der Fall ist, benötigen Sie entweder höhere Konversionsraten zwischen den Verkaufsinteraktionsphasen oder Ansprechpersonen mit einer geringeren Fehlerwahrscheinlichkeit in Ihrem Ampelsystem.

Der Übergang von der Phase „Interesse angenommen" zur Phase „Potenzial bestätigt" ist ein entscheidender Schritt im Verkaufsprozess, der sorgfältige Planung und eine strategische Vorgehensweise erfordert. Mit einer gut durchdachten und flexiblen Herangehensweise können Sie Ihre Chancen auf Erfolg maximieren und Ihre Umsatzziele erreichen.

6.4   Angebot abgegeben

Diese Verkaufsinteraktionsphase beginnt, sobald Ihre Ansprechpartnerin oder Ihr Ansprechpartner eine Angebotsvariante angefordert hat (Abb. 6.6). Die Dauer zur Erreichung dieser Phase hängt von Ihrer Fähigkeit als Verkäuferin oder Verkäufer ab und endet erst mit einem konkreten Vertragsabschluss. Wenn diese Phase bis zum Vertragsabschluss mehrere Monate dauert und kein Abschluss in Sicht ist, ist es sinnvoll, die Rahmenbedingungen zu überprüfen, die zu dieser Verzögerung geführt haben könnten. Ein tiefes Verständnis der Bedürfnisse und Anforderungen Ihrer potenziellen Kundin oder Ihres potenziellen Kunden kann häufig dazu beitragen, den Prozess zu beschleunigen und Missverständnisse zu vermeiden.

Abb. 6.6 Verkaufsinteraktionsphase inklusive Erfolgswahrscheinlichkeit eines Vertragsabschlusses: Angebot abgegeben (30 %)

Wenn das Unternehmen von der Phase „Potenzial bestätigt" in die Phase „Angebot abgegeben" übergeht, steigt Ihre prognostizierte Umsatzwahrscheinlichkeit auf 30 %. Dies bedeutet, dass bei einem erwarteten Umsatz von 100.000 € ein prognostizierter Umsatz von 30.000 € kalkuliert werden kann. Es ist wichtig, diese Fortschritte im Blick zu behalten und kontinuierlich zu überwachen, da sie einen direkten Einfluss auf Ihre Umsatzprognosen und strategischen Planungen haben. Eine detaillierte Analyse dieser Phasenübergänge kann außerdem wertvolle Einblicke in die Effektivität Ihrer Konversionsraten bieten.

Auch in dieser Phase gewichten Sie die prognostizierte Umsatzwahrscheinlichkeit mit der Fehlerwahrscheinlichkeit der Zusagewerte Ihrer Ansprechperson (siehe Tab. 6.1).

Eine genaue Bewertung dieser Faktoren ist entscheidend, um realistische und zuverlässige Umsatzprognosen zu erzielen. Dies ermöglicht es Ihnen, besser informierte Geschäftsentscheidungen zu treffen und Ihre Ressourcen effizienter einzusetzen.

Beispiel

Angenommen, Sie erwarten in der Phase „Angebot abgegeben" einen Umsatz von 30 %, und der perspektivische Gesamtumsatz beträgt 100.000 €. Dies ergibt einen prognostizierten Wert von 30.000 €. Diesen Wert gewichten Sie mit einer Fehlerwahrscheinlichkeit von 80 %, was bei einer gelben Ampelsystem-Tendenz Ihrer Ansprechpartnerin oder Ihres Ansprechpartners 6000 € ergibt. Dies bedeutet, dass jede Zusage einer Ansprechpartnerin oder eines Ansprechpartners mit dieser Tendenz in dieser Phase einen kalkulatorischen Wert von 6000 € besitzt.

Diese signifikante Reduktion verdeutlicht die Bedeutung einer sorgfältigen Bewertung der Zuverlässigkeit der von Ihren Ansprechpartnerinnen und Ansprechpartnern erhaltenen Informationen. Ein Ampelsystem kann hierbei als nützliches Werkzeug dienen, um die Vertrauenswürdigkeit der Prognose schnell und logisch aufbereitet einschätzen zu können.

Das Verständnis und die Anwendung solcher Systeme können Ihnen helfen, Ihre Verkaufsprozesse zu optimieren und Ihr Vorgehen zielgerichteter zu gestalten. Außerdem ermöglicht es Ihnen, potenzielle Schwachstellen frühzeitig zu erkennen und entsprechende Maßnahmen zu ergreifen. Für präzise Prognosen ist es wichtig, zu berücksichtigen, von welcher Person Sie eine Angebotsanfrage erhalten und anhand der Verkaufsinteraktionsstufe zu bewerten, welchen prognostizierbaren Wert die jeweilige Phase der Anfrage hat. Es ist nicht immer angemessen, Umsatzwahrscheinlichkeiten vollständig in Ihre Prognose einzubeziehen, nur weil eine Angebotsanfrage durch eine Ansprechperson vorliegt.

Als Verkäufer oder Verkäuferin sollten Sie bei der Erstellung von Prognosen nicht nur die Anzahl der Angebotsanfragen berücksichtigen, sondern auch die Merkmale und Persönlichkeitstypen der anfragenden Personen. Dieser Ansatz ermöglicht Ihnen, präzisere und realistischere Umsatzprognosen zu treffen und Ihre Verkaufsstrategie entsprechend anzupassen. Durch die Berücksichtigung der individuellen Eigenschaften und Persönlichkeitstypen der potenziellen Kunden oder Kundinnen können Sie eine fundiertere Grundlage für Ihre Prognosen schaffen und Ihre Verkaufsstrategie gezielter anpassen. Dieser methodische Ansatz erhöht die Genauigkeit Ihrer Umsatzprognosen und unterstützt Sie dabei, Ihre Verkaufsziele zu erreichen.

Zwei wesentliche Aspekte in Ihrem Prozess der Potenzialeinschätzung sind:

• Der Fortschritt in den jeweiligen Phasen des Kundenakquiseprozesses.
• Sowie die Kenntnis der Persönlichkeitstypen, mit denen Sie kommunizieren.

Diese beiden Faktoren sind von entscheidender Bedeutung für eine effiziente Verkaufsstrategie und tragen dazu bei, Ihre Verkaufsleistung und Ihre Umsatzprognose zu optimieren. Das systematische Untersuchen und Einordnen Ihrer potenziellen Kunden oder Kundinnen hilft Ihnen, Ihre Verkaufsstrategie präziser an die Bedürfnisse Ihrer Ansprechpartnerinnen und Ansprechpartner anzupassen und so Ihre Verkaufserfolge zu erhöhen.

Das Verständnis der verschiedenen Kundenprofile und ihrer spezifischen Eigenschaften ermöglicht es Ihnen, individuelle Angebote zu erstellen und die Chance auf einen erfolgreichen Vertragsabschluss zu erhöhen. Durch das Einbeziehen der unterschiedlichen Kundentypen und ihrer Charakteristika in Ihre Verkaufsstrategie können Sie maßgeschneiderte Lösungen anbieten und so die Wahrscheinlichkeit eines erfolgreichen Vertragsabschlusses steigern. Dieser personalisierte Ansatz anhand der Temperamente Ihrer Ansprechpersonen hilft Ihnen, Ihre Verkaufserfolge zu verbessern und Ihren Kunden oder Kundinnen ein optimales Angebot zu unterbreiten. Durch die Anpassung Ihrer Verkaufsstrategie an die einzelnen Bedürfnisse können Sie langfristige Kundenbeziehungen aufbauen und Ihren Verkaufserfolg steigern.

Weiterführende Fragen/Checkliste

- Wie können Sie die Fehlerwahrscheinlichkeiten in den Zusagewerten Ihrer Ansprechpartner im Kontext der jeweiligen Verkaufsinteraktionsphase kombinieren und gewichten?
- Welche Informationen sollten Sie in Ihre Prognosen einbeziehen, um präzisere Umsatzschätzungen zu erstellen?
- Warum ist die Differenzierung und Segmentierung der Menschenbilder wichtig für die Umsatzprognose?
- Wie verändert sich die prognostizierte Umsatzwahrscheinlichkeit, wenn ein Unternehmen von der Verkaufsinteraktionsphase „Interesse angenommen" in die Phase „Potenzial bestätigt" übergeht?
- Wie verändert sich die prognostizierte Umsatzwahrscheinlichkeit, wenn ein Unternehmen von der Verkaufsinteraktionsphase „Potenzial bestätigt" in die Phase „Angebot abgegeben" übergeht?

7

Exkurs: Software- und KI-Lösungsvertrieb mit dem Temperament-Sales-Modell

Dieses Kapitel fokussiert sich beispielhaft auf den Software- und KI-Lösungs-vertrieb und bietet einen Exkurs, der die effektive Anwendung des Temperament-Sales-Modells in der erklärungsbedürftigen und informationsintensiven Domäne dieser Branche erläutert. Durch diesen praxisbezogenen Einblick in die Anwendbarkeit des Modells im Software- und KI-Lösungsvertrieb werden die Flexibilität und Effizienz des Temperament-Sales-Modells bei der Anwendung in spezifischen Bereichen betont. Der Verkauf von KI-Lösungen im Bereich des Softwarevertriebs stellt eine einzigartige Herausforderung dar. In diesem Kapitel werden Strategien und Möglichkeiten zur erfolgreichen Vermarktung von Software- und KI-Lösungen diskutiert, wobei die Befürchtungen und Bedenken potenzieller Kundinnen und Kunden berücksichtigt werden. Sie erhalten wertvolle Einsichten, die Ihnen helfen, Ihren Verkaufserfolg nachhaltig zu steigern. Darüber hinaus werden die spezifischen Vorteile von KI-Lösungen hervorgehoben und es wird erklärt, wie Sie diese für Ihre Kundinnen und Kunden auf eine attraktive und verständliche Weise kommunizieren können. Sie lernen, wie Sie die individuellen Anforderungen Ihrer Kundinnen und Kunden im Bezug auf KI-Lösungen identifizieren und ihnen die passenden Möglichkeiten bieten, um ihre Geschäftsprozesse zu optimieren. Entdecken Sie zudem, wie Sie Vertrauen in die Technologie aufbauen und potenzielle Einwände und Missverständnisse über

© Der/die Autor(en), exklusiv lizenziert an Springer Fachmedien Wiesbaden GmbH, ein Teil von Springer Nature 2025
O. Arzuman, *Erfolg im Neukundengeschäft mit dem Temperament-Sales-Modell*, https://doi.org/10.1007/978-3-658-46624-4_7

KI-Lösungen entkräften können, um eine langfristige und erfolgreiche Zusammenarbeit mit Ihren Kundinnen und Kunden zu fördern. Dieses Kapitel bietet Ihnen die notwendigen Werkzeuge und Erkenntnisse, um sich erfolgreich im Neukundengeschäft mit Software- und KI-Lösungen zu positionieren und dabei die Bedürfnisse Ihrer Kundinnen und Kunden zu berücksichtigen.

Dieses Kapitel beschreibt nicht nur wertvolle Strategien, die Ihnen helfen, Ihre Verkaufserfolge nachhaltig zu steigern, sondern zeigt Ihnen auch, wie Sie die Bedenken und Ängste Ihrer Kundinnen und Kunden überwinden können. Entdecken Sie tiefgehende Einblicke, die Ihnen helfen, die einzigartigen Merkmale von bahnbrechenden KI-Technologie zu vermitteln und eine dauerhafte Neukunden-Verkaufsstrategie zu entwickeln.

Erforschen Sie die spezifischen Anforderungen Ihrer potenziellen Kundinnen und Kunden und erfahren Sie, wie Sie die Vorteile von KI-Lösungen überzeugend präsentieren können. Lassen Sie sich inspirieren, wie Sie eine vertrauensvolle Beziehung aufbauen und Ihre Position im Softwarevertrieb stärken können.

Ein besonderer Fokus liegt auf der detaillierten Analyse der individuellen Herausforderungen Ihrer potenziellen Kundinnen und Kunden. Erfahren Sie, wie maßgeschneiderte KI-Lösungen die Bedürfnisse Ihrer Kundschaft erfüllen kann und wie Sie Vertrauen in diese Technologie aufbauen können. Lernen Sie Techniken, um Missverständnisse und Bedenken auszuräumen und die Zuverlässigkeit sowie den praktischen Nutzen von KI zu vermitteln.

Dieses Kapitel ist Ihr Leitfaden für die Entwicklung einer durchdachten Neukundenvertriebsstrategie, die auf den Grundsätzen des Temperament-Sales-Modells aufgebaut ist, die nicht nur die Akzeptanz von KI-Lösungen erhöht, sondern auch eine langfristige, erfolgreiche Zusammenarbeit mit Ihren potenziellen Kundinnen und Kunden fördert. Nutzen Sie die umfassenden Strategien und praxisorientierten Empfehlungen, um das volle Potenzial von KI auszuschöpfen und Ihre Verkaufserfolge zu steigern.

7.1 Erfolgsfaktoren für den Verkauf von Software- und KI-Lösungen

Die größte Herausforderung bei der Einführung von KI-Lösungen besteht darin, das Vertrauen potenzieller Kunden und Kundinnen zu gewinnen. Viele Unternehmen begegnen KI weiterhin mit Skepsis. Doch was wäre, wenn Sie diese Skepsis in Begeisterung verwandeln könnten? Mit sorgfältiger Planung, transparenter Kommunikation und strategischen Partnerschaften können Sie die Vorteile Ihrer KI-Lösungen eindrucksvoll demonstrieren. Ein tiefes Verständnis der Kundenbedürfnisse und -bedenken sowie das Angebot maßgeschneiderter Lösungen, die perfekt auf die spezifischen Anforderungen der Kunden und Kundinnen zugeschnitten sind, sind entscheidend für eine erfolgreiche Vermarktung von KI-Lösungen.

Stellen Sie sich vor, Ihre potenziellen Kunden und Kundinnen könnten die vollen Potenziale der neuen Technologien ausschöpfen. Eine gründliche Einführung und kontinuierliche Unterstützung sind dafür unerlässlich. Langfristige Partnerschaften und zusätzlicher Mehrwert jenseits des reinen Verkaufs fördern Kundenzufriedenheit und -bindung. Diese Strategie schafft langfristig erfolgreiche Kundenbeziehungen und stärkt letztendlich auch Ihre Verkaufszahlen.

Eine fundierte Neukundengewinnungsstrategie, basierend auf dem Temperament-Sales-Modell, unterstützt Sie dabei, diese Herausforderungen zu meistern und Ihre Software- und KI-Lösungen erfolgreich auf dem Markt zu positionieren. Dieses Modell berücksichtigt individuelle Kundenpersönlichkeiten und -bedürfnisse und bietet eine systematische Vorgehensweise mit Interaktions- und Analysekomponenten an, um potenzielle Kunden und Kundinnen gezielt anzusprechen und sie für Ihre Software- und KI-Lösungen zu begeistern.

Moderne KI-Lösungen ermöglichen es Unternehmen, repetitive Aufgaben effizient zu bewältigen und komplexe Prozesse zu automatisieren, die zuvor nicht automatisierbar waren. Diese riesigen Möglichkeiten bringen beträchtlichen Mehrwert, erhöhen jedoch auch die Anforderungen an die Vermittlung und Kommunikation dieser Lösungen. Die Erklärbarkeit der KI-Technologie und ihr Nutzen ist daher entscheidend für den Verkaufserfolg.

KI-Implementierung eröffnet Unternehmen neue Möglichkeiten in der Automatisierung und Prozessoptimierung, steigert die Effizienz und erhöht die Produktivität. Allerdings bedeutet die Komplexität dieser Lösungen auch Herausforderungen im Verkaufsprozess und bei der Vermittlung der KI-Vorteile. Erfolgreiche Verkäufer und Verkäuferinnen müssen daher in der Lage sein, die KI-Technologie auf verständliche Weise zu kommunizieren und ihre Vorzüge für potenzielle Kunden und Kundinnen deutlich zu machen.

Vertriebsmitarbeiter und Vertriebsmitarbeiterinnen im Softwaresektor sind an komplexe, erklärungsbedürftige Lösungen gewöhnt, aber KI-Lösungen stellen zusätzliche, anspruchsvolle Herausforderungen dar. Hier gilt es nicht nur, die Ergebnisse der KI-Lösung verständlich darzustellen, sondern auch den Prozess ihrer Entstehung transparent zu machen. Besonders generative KI-Lösungen, die aufgrund ihrer flexiblen Methodik äußerst anpassungsfähig sind, erschweren die Nachvollziehbarkeit der Ergebnisse für die potenziellen Kunden und Kundinnen.

Ohne feste, leistungsbegrenzende Regeln – wie bei Generativer KI der Fall – kann bei einer Eingabe von A das Ergebnis variieren und auch C, F oder Y liefern. Dies erschwert die Nachvollziehbarkeit der Ergebnisse der Lösung deutlich.

Ein wesentlicher Punkt beim Verkauf von KI-Lösungen ist ein solides Verständnis der zu automatisierenden Arbeitsprozesse und Fachgebiete. Nur mit diesem Know-how können Sie die Vorteile der Lösungsergebnisse überzeugend darstellen. Eine umfassende Kenntnis der Branche und der spezifischen Anforderungen der Kunden und Kundinnen ist daher unabdingbar, um die Vorteile und Anwendungsmöglichkeiten von KI-Lösungen im Vergleich zu konventionellen Softwarelösungen herauszuarbeiten. Dieses tiefe Verständnis ermöglicht es Ihnen, die KI-Lösung gezielt auf die Bedürfnisse der Kunden und Kundinnen abzustimmen und ihre einzigartigen Stärken hervorzuheben.

Es ist zudem entscheidend, die Umsetzung und Einbindung der KI-Lösung in vorhandene Systeme zu erklären. Hierfür ist umfassendes Wissen über neue und etablierte Technologien erforderlich, um sowohl den Vorteil der Lösung als auch den Prozess der Umstellung deutlich zu vermitteln. Dadurch können potenzielle Kunden und Kundinnen sich ein realistisches Bild von der Implementierung der KI-Lösung in ihren bestehenden Arbeitsprozessen machen und die Vorteile der neuen Technologie besser einschätzen.

Ein weitverbreitetes Missverständnis besteht darin, dass KI-Technologie Arbeitsplätze bedrohen könnte, was zu Befürchtungen führt und den Zugang zu potenziellen Kunden und Kundinnen erschweren kann. Eine strategische Vorgehensweise sowie die Bereitschaft zur detaillierten Erklärung der Funktionsweise der KI-Lösung sind daher entscheidend, um die Akzeptanz innerhalb der Zielgruppe zu fördern. Durch die Vermittlung eines transparenten und auf den Kundennutzen fokussierten Bildes können Sie die Sorgen entkräften und das Potenzial von KI-Lösungen als ergänzende Werkzeuge hervorheben.

Eine offene und ehrliche Kommunikation über die möglichen Folgen und die Vorteile der Automatisierung ist von großer Bedeutung, um Vorbehalte zu minimieren. Das heißt, Sie sollten bei der Präsentation von KI-Lösungen nicht nur die Funktionsweise der Technologie, sondern auch die Auswirkungen auf die Arbeit der Mitarbeiter und Mitarbeiterinnen offenlegen. Zeigen Sie auf, wie die Automatisierung bestimmter Aufgaben den Mitarbeitenden mehr Zeit für kreative und strategische Aufgaben lässt, die ihre berufliche Entwicklung fördern können.

Ein weiterer nützlicher Ansatz ist es, strategische Allianzen innerhalb der Unternehmen aufzubauen. Identifizieren Sie interne Unterstützer und Unterstützerinnen, die Ihre Lösungen aktiv vorantreiben können. Diese Unterstützer können dazu beitragen, die Vorteile der KI-Lösungen zu vermitteln und Vorbehalte innerhalb des Unternehmens zu verringern. Führungskräfte, Fachabteilungsleiter oder andere mit KI vertraute Mitarbeitende können das Potenzial der neuen Technologie erkennen und das Unternehmen dabei unterstützen, in die Zukunft zu investieren.

Das Temperament-Sales-Modell fokussiert sich innerhalb seiner Interaktions- und Analysekomponenten stark auf die Berücksichtigung der individuellen Persönlichkeitsmerkmale Ihrer potenziellen Kundinnen und Kunden. Dieses Vorgehen ermöglicht es Ihnen, den effizientesten Zugang zu Ihren Ansprechpartnern zu finden und somit Ihre Verkaufsstrategie zu optimieren. Wenn Sie sich speziell auf die Ängste und Bedenken Ihrer Kundschaft konzentrieren, können Sie deren Vertrauen gewinnen und die Chancen auf eine erfolgreiche KI-Implementierung steigern. Durch dieses individuelle Vorgehen zeigen Sie, dass Sie die Bedürfnisse und Bedingungen Ihrer Kunden und Kundinnen verstehen und sie durch maßgeschneiderte Lösungen unterstützen können. Dies schafft eine Atmosphäre der Zusammenarbeit und fördert die Akzeptanz von KI-Lösungen innerhalb der Unternehmen.

> Der aktuelle Mehrwert ist nicht immer ein zuverlässiger Indikator für die exponentiellen Möglichkeiten der Mehrwertgenerierung in der Zukunft.

Ein effektiver Verkauf von KI-Lösungen setzt eine Mischung aus technischem Wissen, strategischer Kommunikation und einem tiefen Verständnis der Kundenanforderungen voraus. Diese Kombination ermöglicht es Ihnen, die Leistungsfähigkeit von KI zu erklären, auf Bedenken einzugehen und Lösungen anzubieten, die speziell auf die Anforderungen Ihrer möglichen Kunden und Kundinnen zugeschnitten sind. Durch diesen ganzheitlichen Ansatz können Sie die Potenziale von KI für Unternehmen aufzeigen und so zu einer erfolgreichen Implementierung beitragen. Die Fähigkeit, den Return on Investment (ROI) eindeutig aufzuzeigen, ist von entscheidender Bedeutung. Unternehmen müssen nachvollziehen können, wie schnell sich ihre Investition amortisiert und welche langfristigen Vorteile sie erwarten können.

Es ist von entscheidender Wichtigkeit, sich stets weiterzubilden und fortlaufend Ihr Wissen im Bereich Software- und KI zu erweitern. Damit sichern Sie, dass Ihre potenziellen Kunden und Kundinnen Sie als zuverlässige und kompetente Beraterin oder Berater im Bereich KI-Technologie wahrnehmen. Durch Ihre Expertenkenntnisse können Sie Unternehmen bei der Entscheidungsfindung unterstützen und eine vertrauensvolle Beziehung aufbauen.

Ein weiterer kritischer Punkt besteht in der Einbindung der KI-Lösungen in die vorhandenen IT-Systeme und Prozesse der Kunden und Kundinnen. Hierzu ist eine enge Kooperation mit den IT-Abteilungen und ein tiefes Wissen über die bestehende Infrastruktur notwendig. Anpassungsfähigkeit und Flexibilität sind hierbei von entscheidender Bedeutung, um die KI-Lösungen in die individuellen Systeme der Unternehmen zu integrieren und somit deren Arbeitsabläufe zu optimieren.

Die Implementierung Ihrer KI-Lösung stellt lediglich den Beginn einer spannenden Reise dar. Um eine langfristig erfolgreiche und stabile

Zusammenarbeit sicherzustellen, ist ein kontinuierlicher Support sowie die Flexibilität zur Anpassung an wechselnde Anforderungen unerlässlich. Indem Sie diese Vorgehensweise verfolgen, zeigen Sie Ihren Kunden und Kundinnen, dass Sie ein zuverlässiger Partner sind, der auch nach der Einführung weiterhin dabei ist, um deren Bedürfnisse zu erfüllen.

Es ist von großer Bedeutung, eine Partnerschaft mit Ihren Kunden und Kundinnen aufzubauen, die über den eigentlichen Verkauf hinausgeht und auf nachhaltiges Wachstum und Erfolg für beide Parteien ausgerichtet ist. Durch diesen langfristigen Blickwinkel können Sie eine vertrauensvolle und langfristige Zusammenarbeit entwickeln, die über einen einmaligen Verkauf hinausgeht.

Die kontinuierliche Weiterentwicklung Ihrer KI-Lösung spielt eine entscheidende Rolle. Im Zuge des technologischen Fortschritts werden immer mehr Geschäftsprozesse automatisiert, und es bilden sich Synergien über Abteilungsgrenzen hinweg. Betrachten Sie Ihre KI-Lösung und die durch sie unterstützten Fachabteilungen als Basis für weitere Innovationen und Wachstum. Durch diese Perspektive ermöglichen Sie es Ihren Kunden und Kundinnen, ihre Organisationseinheiten schrittweise in eine Vollautomatisierung zu bewegen.

Eine entscheidende Eigenschaft für den Erfolg in diesem dynamischen und sich rasant entwickelnden Markt ist die Fähigkeit, sich an Veränderungen anzupassen, kontinuierlich zu lernen und zu wachsen. Lassen Sie sich von der Begeisterung für Technologie und Innovation anspornen, um durch Ihr Engagement die Zukunft des Software- und KI-Lösungsvertriebs maßgeblich zu prägen.

7.2 Erfolgreiche Vorbereitung für den Verkauf von Software- und KI-Lösungen

Ein erfolgreicher Vertrieb von Software- und KI-Lösungen basiert auf gründlicher und sorgfältiger Vorbereitung. Vertriebsmitarbeiter und Vertriebsmitarbeiterinnen müssen sich in einer komplexen Umgebung bewegen, in der technisches Know-how über die Lösung, ein fundiertes Verständnis der Arbeitsprozesse potenzieller Kunden und Kundinnen sowie die Bewältigung oft skeptischer Einstellungen gegenüber KI-Lösungen gefordert sind.

Ein solides technisches Verständnis erfordert, dass Vertriebsmitarbeiter und Vertriebsmitarbeiterinnen die Funktionsweise der KI-Lösungen auf einfache und nachvollziehbare Weise erklären und die einzigartigen Stärken der Lösung hervorheben können. Dazu gehört:

• Erklärbarkeit der Algorithmen
• Aufzeigen der Vorteile unterschiedlicher Datenverarbeitungstechniken
• Implementierungsmöglichkeiten in die derzeitige IT-Infrastruktur

Sie sollten in der Lage sein, diese technischen Aspekte sicher zu beantworten und potenzielle Kundenbedenken kompetent anzusprechen. Es gibt eine Fülle an Fachliteratur, die hilft, tiefgehendes Wissen über die Funktionsweisen von generativen KI-Lösungen aufzubauen. Dieses Wissen ist entscheidend, da die Lösung nahtlos in die bestehende Infrastruktur der potenziellen Kunden und Kundinnen integriert werden soll, um den größtmöglichen Mehrwert zu schaffen. Um dies zu gewährleisten, müssen Vertriebsmitarbeiter und Vertriebsmitarbeiterinnen den Dialog mit IT-Experten und IT-Expertinnen der potenziellen Kunden und Kundinnen bewältigen können, damit die technischen Anforderungen und Integrationsmöglichkeiten klar kommuniziert werden.

Ein strukturiertes Verständnis von Arbeitsprozessen impliziert, dass die Vertriebsmitarbeiter und Vertriebsmitarbeiterinnen wissen müssen, wie die KI-Lösungen in die vorhandenen Abläufe der potenziellen Kundschaft integriert werden können. Dies umfasst:

• Eine gründliche Analyse der aktuellen Prozesse
• Das Identifizieren von Optimierungspotenzialen
• Die Darstellung konkreter Anwendungsszenarien

Die Vertriebsmitarbeiter und Vertriebsmitarbeiterinnen sollten in der Lage sein, mit den jeweiligen Expertinnen und Experten in den Bereichen, in denen eine KI-Automatisierung implementiert werden soll, auf gleicher Augenhöhe zu kommunizieren. Das bedeutet, dass sie die gleiche Fachsprache beherrschen müssen und auf dieser Grundlage die Vorteile der KI-Automatisierung, insbesondere die Verbesserung von Arbeitsprozessen, klar und überzeugend darstellen können.

Um sich mit einem Fachbereich und den spezifischen Herausforderungen auseinandersetzen zu können, ist es wichtig, die jeweiligen Vorgaben zu kennen, die Voraussetzungen zu identifizieren, die optimal durchgeführte Arbeitsschritte ausmachen, und die Rahmenbedingungen zu kennen unter denen diese Arbeitsschritte durch Menschen durchgeführt werden.

Dieses Wissen hilft dabei, mit Ihren Ansprechpartnern und Ansprechpartnerinnen aus den jeweiligen Fachbereichen auf einer Ebene zu kommunizieren und die Mehrwerte der Lösung klar und überzeugend darzustellen. Zudem sollten die Vertriebsmitarbeiter und Vertriebsmitarbeiterinnen in der Lage sein, mögliche Einwände und Herausforderungen zu antizipieren, die im spezifischen Arbeitskontext der potenziellen Kunden und Kundinnen auftreten könnten. Durch dieses umfassende Verständnis werden sie in der Lage sein, maßgeschneiderte Lösungen anzubieten und die Zusammenarbeit mit der Fachabteilung zu fördern.

Die öffentliche Meinung zu KI-Lösungen ist häufig von Vorbehalten und Skepsis geprägt. Die Vertriebsmitarbeiter und Vertriebsmitarbeiterinnen müssen diese Bedenken ernst nehmen, sich darauf einlassen und Vertrauen aufbauen. Dies kann durch folgende Maßnahmen erreicht werden:

• Vorzeigen erfolgreicher Implementierungen
• Anbieten von Testphasen
• Bereitstellen umfassender Unterstützung und Schulungen

Zusätzlich können Referenzen und Erfahrungsberichte von bestehenden Kunden und Kundinnen sowie Erfolgsgeschichten von deren Mitarbeitenden Vertrauen schaffen und die Vorteile der KI-Lösung bestätigen. Diese Maßnahmen tragen dazu bei, die Wahrnehmung von KI-Lösungen zu verbessern und potenzielle Kunden und Kundinnen zu überzeugen.

Die allgemeine Meinung hinsichtlich des Themenbereichs KI spielt eine sehr große Rolle in Ihrem Aufgabenbereich des Neukundenvertriebs. Wie soll verfahren werden, wenn das Personal der potenziellen Kunden und Kundinnen trotz der Vorteile ablehnt, mit der KI-Lösung zu arbeiten? Hier spielen empathische Change-Management-Strategien eine entscheidende Rolle.

Vertriebsmitarbeiter und Vertriebsmitarbeiterinnen sollten die Vorteile der KI-Lösung nicht nur technisch und operativ, sondern auch menschlich vermitteln. Dazu könnte eine enge Zusammenarbeit mit den HR-Abteilungen nötig sein, um Schulungsprogramme und Workshops zu entwickeln, die den Mitarbeitenden helfen, sich mit der neuen Technologie vertraut zu machen und ihre Befürchtungen abzubauen.

Im Falle einer fehlenden HR-Abteilung im Unternehmen ist es besonders wichtig, direkt mit den betroffenen Personen zu sprechen und ihre Bedürfnisse tiefgehend zu verstehen. Erfahren Sie, was die Mitarbeitenden, Führungskräfte und das Management wirklich antreibt. Welche Wünsche und Ziele haben sie? Diese wertvollen Einblicke sollten die Grundlage Ihrer Gespräche bilden. Pflegen Sie eine kontinuierliche, offene Kommunikation und implementieren Sie regelmäßige Feedback-Schleifen. Auf diese Weise stellen Sie sicher, dass die Einführung der KI-Lösung nicht nur reibungslos verläuft, sondern auch stetig verbessert wird. Durch sorgfältige Vorbereitung und Berücksichtigung aller wichtigen Aspekte steigern Sie die Chancen, Ihre KI-Lösung erfolgreich zu vermarkten und langfristige, vertrauensvolle Kundenbeziehungen zu etablieren.

> Diese drei Kenntnisbereiche – technisches Know-how, fachspezifisches Verständnis sowie die positive Beeinflussung oft skeptischer Einstellungen gegenüber KI-Lösungen – sind entscheidend, um potenzielle Kunden und Kundinnen kompetent zu überzeugen und für die Lösung zu gewinnen.

Diese kombinierte Vorgehensweise wird es Vertriebsmitarbeitern und Vertriebsmitarbeiterinnen ermöglichen, KI-Lösungen zu verkaufen, indem sie die einzigartigen Bedürfnisse jedes Kunden und jeder Kundin verstehen und die konkreten Vorteile von KI-Lösungen für ihre jeweiligen Anforderungen darstellen. Stellen Sie sicher, dass die KI-Lösung flexibel genug ist, um auf die spezifischen Bedürfnisse und Herausforderungen des Unternehmens einzugehen. Eine individuelle Lösung, die sich nahtlos in bestehende Arbeitsabläufe integriert, wird eher akzeptiert und kann die Effizienz deutlich steigern.

Auf diese Weise können Sie immer mehr erfolgreiche Anwendungsbeispiele und positive Referenzen sammeln. Dies zeigt potenziellen Kunden und Kundinnen, wie Ihre Lösung ihre Arbeitsprozesse vereinfachen und den Automatisierungsgrad im Unternehmen erhöhen kann. Eine gut dokumentierte Erfolgsgeschichte kann als überzeugendes Argument den

Unterschied ausmachen und Entscheidungsträger und Entscheidungsträgerinnen inspirieren, Ihre Lösung auszuprobieren. Langfristig fördert dies nicht nur die Kundenzufriedenheit, sondern auch den Ruf Ihres Unternehmens als vertrauenswürdiger und innovativer Technologieanbieter.

7.3 Der Weg zu einem erfolgreichen Vertragsabschluss im Software- und KI-Lösungsvertrieb

Wenn wir uns mit dem faszinierenden Thema des Vertriebs von Software- und KI-Lösungen befassen, wird schnell klar, dass die wichtigsten Gesprächspartnerinnen und Gesprächspartner in Unternehmen diejenigen sind, die begeistert von der Idee sind, wiederkehrende Aufgaben zu automatisieren (Abb. 7.1). Diese Personen sind durch ihr Interesse an Effizienzsteigerung und Verbesserung der Geschäftsprozesse motiviert und stellen daher eine zentrale Zielgruppe für den Verkauf von KI-Lösungen dar.

> Ihre wichtigsten Ansprechpersonen sind in der Regel nicht die Ausführenden im Unternehmen, sondern vielmehr leitende Visionäre und Verantwortliche für Innovation. Diese Entscheidungsträger sind offen für neue Technologien und Ansätze, die Unternehmensprozesse optimieren und den Wettbewerbsvorteil ihres Unternehmens stärken können.

Leitende Führungskräfte sowie Innovationsexperten und Innovationsexpertinnen sind stets auf der Suche nach Lösungen, die nicht nur die Effizienz ihres Unternehmens verbessern, sondern auch Wettbewerbsvorteile schaffen. Sie sind offen für fortschrittliche Technologien und Ansätze, die den Erfolg ihres Unternehmens fördern. Als Verkäufer und Verkäuferin von Software- und KI-Lösungen können Sie diese Führungskräfte überzeugen, indem Sie die Möglichkeiten und Vorteile Ihrer Technologie präsentieren und zeigen, wie Ihre Lösungen entscheidend zur Unternehmensentwicklung beitragen können.

Potenzialeinschätzung

Menschenbilder

Nachbereitung

Präsentation

Vorbereitung

Abb. 7.1 Temperament-Sales-Modell: Anwendung der Interaktionskomponenten und Analysekomponenten

In Vertriebssituationen ist es wichtig, den Mehrwert und die langfristigen, konkreten Vorteile von KI-Lösungen klar zu kommunizieren. Es reicht nicht aus, lediglich die technischen Fähigkeiten der KI zu beschreiben. Stattdessen müssen Sie aufzeigen, wie diese Lösungen das Unternehmen unterstützen und seine Ziele fördern können. Indem Sie einen direkten Bezug zum Unternehmen herstellen, verdeutlichen Sie den Wert Ihrer Lösungen und überzeugen die Entscheidungsträgerinnen und Entscheidungsträger, in Ihre KI-Lösungen zu investieren.

Der Zugang zu diesen wichtigen Ansprechpartnerinnen und Ansprechpartnern ist eine entscheidende Hürde im Verkaufsprozess. Aber wie erreichen Sie diese Entscheidungsträgerinnen und Entscheidungsträger und führen sie mit dem Temperament-Sales-Modell erfolgreich zum Vertragsabschluss?

In Kap. 2 werden verschiedene Strategien erläutert, wie Sie mit der richtigen Einstellung und einem zielgerichteten Vorgehen Ihre Recherchen durchführen und Ihren Pitch-Termin so gestalten können, dass ein Treffen mit den richtigen Ansprechpartnerinnen und Ansprechpartnern gefördert wird. Eine proaktive Herangehensweise und ein fokussierter Plan helfen Ihnen dabei, die erforderlichen Schritte zu unternehmen, um erfolgreich Kontakte zu den richtigen Personen herzustellen und eine solide Grundlage für eine erfolgreiche Zusammenarbeit zu legen.

Ein überzeugender Termin-Pitch sollte die Bedürfnisse und Herausforderungen der Ansprechpartnerinnen und Ansprechpartner präzise ansprechen und den Mehrwert Ihrer Lösungen hervorheben. Es ist ratsam, mögliche Einwände der Gesprächspartnerinnen und Gesprächspartner im Voraus zu antizipieren und überzeugende Gegenargumente zu entwickeln, um schnell und flexibel reagieren zu können.

Ein zentraler Aspekt der Vorbereitung ist die tiefgehende Recherche und Analyse des potenziellen Kunden. Mit einem fundierten Verständnis der Unternehmensstruktur, der Branchenanforderungen und der spezifischen Bedürfnisse Ihrer Ansprechpersonen können Sie Ihre Software- und KI-Lösungen gezielt positionieren und den Wert für den potenziellen Kunden herstellen. Als Vertriebsmitarbeiterin und Vertriebsmitarbeiter sollten Sie sich gründlich mit den Strukturen, Prozessen und Herausforderungen des potenziellen Kundenunternehmens beschäftigen, um maßgeschneiderte Lösungen anbieten zu können. Dies erfordert umfassende Recherche und detaillierte Vorbereitung, die über das reine Verständnis der technischen Lösung hinausgeht. Nur so können Sie die spezifischen Bedürfnisse der Kundinnen und Kunden erkennen und passende Lösungen präsentieren.

Sobald Sie ein vereinbartes Meeting mit der passenden Ansprechpartnerin oder dem passenden Ansprechpartner haben, konzentriert sich Ihre Aufgabe darauf, Bedarfsanalysen durchzuführen, Präsentationen zu halten, Preisverhandlungen zu führen und Termine für Rückmeldungen zu organisieren.

In Kap. 3 finden Sie konkrete Hinweise, wie Sie diese Aufgaben erfolgreich bewältigen können. Durch sorgfältige Planung und effektive Umsetzung dieser Schritte hinterlassen Sie einen professionellen Eindruck und erreichen den Abschluss eines erfolgreichen Vertriebsprozesses. Bei der Vermarktung von Software- und KI-Lösungen kann es notwendig sein, diese Schritte mehrfach mit verschiedenen Ansprechpersonen durchzuführen, häufig gemeinsam mit Experten und Expertinnen aus unterschiedlichen Bereichen Ihres eigenen Unternehmens. Dies liegt daran, dass die Erklärungsbedürftigkeit bei solchen Lösungen häufig mehrere Fachbereiche des angesprochenen potenziellen Neukunden berührt und somit ein größeres Spektrum an Expertenwissen erfordert.

Ein kritischer Punkt bei diesem Prozess ist die Fähigkeit, aufmerksam zuzuhören und die spezifischen Bedürfnisse der potenziellen Kundinnen und Kunden tiefgehend zu verstehen, um individualisierte Lösungen anzubieten. Ein fundiertes Verständnis der Branche und der aktuellen Marktsituation ist hierbei unverzichtbar. Ebenso wichtig ist die Fähigkeit, komplexe technische Informationen verständlich zu vermitteln und die Vorteile der Software- und KI-Lösungen überzeugend darzulegen. Durch diese Fähigkeiten stellen Sie sich als kompetente Beraterin und kompetenter Berater und Partnerin und Partner Ihrer möglichen Kundinnen und Kunden dar und schaffen die Grundlage für eine langfristige und produktive Zusammenarbeit.

Zusätzlich ist es wichtig, eine Strategie zu entwickeln, um nach dem ersten Treffen den Kontakt aufrechtzuerhalten und den Verkaufsprozess stetig voranzubringen.

In Kap. 4 finden Sie nützliche Techniken, um Ihre potenziellen Kundinnen und Kunden im Kommunikationszyklus zu halten und gemeinsam zum Vertragsabschluss zu gelangen. Ein strukturierter und kontinuierlicher Ansatz hilft Ihnen dabei, die Beziehung zu Ihren Kundinnen und Kunden zu stärken und die Wahrscheinlichkeit eines erfolgreichen Vertriebsabschlusses zu erhöhen.

Dies kann durch regelmäßige Folgegespräche, Bereitstellung zusätzlicher Informationen und eine fortlaufende Demonstration des Mehrwerts Ihrer Lösung erreicht werden. Durch eine solche Strategie können Sie Ihre potenziellen Kundinnen und Kunden kontinuierlich über den Wert Ihrer Lösung informieren und sicherstellen, dass sie über aktuelle Entwicklungen auf dem Laufenden bleiben. Dies fördert langfristiges Vertrauen und eine enge Bindung an Ihre Software- und KI-Lösungen.

Im Laufe Ihrer Gespräche werden Sie feststellen, dass Ihre Ansprechpartnerinnen und Ansprechpartner unterschiedliche Ansprüche und Erwartungen haben. Während einige vor allem Effizienzsteigerung und Kostensenkung anstreben, möchten andere wiederum sich und ihre Teams von routinemäßigen Aufgaben befreien, um sich auf wertvollere und anspruchsvollere Tätigkeiten konzentrieren zu können. Es ist wichtig, diese verschiedenen Motivationen zu erkennen und gezielt darauf einzugehen, um passende Argumente und Lösungen präsentieren zu können. Durch eine individuelle Anpassung Ihrer Argumente an die Temperamente Ihrer potenziellen Kundinnen und Kunden zeigen Sie, dass Sie ihre spezifischen Herausforderungen verstehen und sich als Partnerin und Partner präsentieren, die wertvolle Unterstützung bietet.

Um mit verschiedenen Persönlichkeitstypen und ihren charakteristischen Eigenschaften vertraut zu werden und die für sie relevantesten Vorteile Ihrer Lösungen zu kommunizieren, bietet Kap. 5 ausführliche Hilfestellung. Durch die Anwendung der dort beschriebenen Methoden können Sie sich gezielt auf die Bedürfnisse der einzelnen Persönlichkeitstypen einstellen und eine individuelle, überzeugende Kommunikation etablieren. Dies hilft Ihnen dabei, den Wert Ihrer Software- und KI-Lösungen für jede einzelne Ansprechperson hervorzuheben und eine enge, langfristige Geschäftsbeziehung zu entwickeln. Indem Sie sich mit den verschiedenen Temperamenten beschäftigen und dieses Wissen in Ihre Gespräche einfließen lassen, erhöhen Sie die Effektivität Ihrer aktiven Verkaufsbemühungen und stärken Ihre Position als vertrauenswürdige Partnerin und vertrauenswürdiger Partner für Ihre Kundinnen und Kunden.

Kap. 6 bietet eine systematische Methode, mit der Sie den Abschluss von Verträgen optimieren und die Wahrscheinlichkeit von Erfolg oder Misserfolg bei den Zusagen Ihrer Ansprechpartnerinnen und Ansprechpartner realistisch einschätzen können. Mit diesem Ansatz können Sie Ihre Vertriebspipeline und die potenziellen Umsatzchancen effizienter bewerten und unerwartete Entwicklungen in Ihren Zielperioden vermeiden. Dies trägt dazu bei, dass Sie als verlässliche und kompetente Partnerin und verlässlicher und kompetenter Partner wahrgenommen werden und die Annahme Ihrer Lösungen fördern.

Mit der Anwendung des Temperament-Sales-Modells im Softwarevertrieb können Sie Ihre Gespräche gezielt an die jeweiligen Persönlichkeitstypen anpassen und ein strukturiertes System von der ersten Kundenansprache bis zum Vertragsabschluss etablieren. Dies führt zu einer höheren Abschlussrate und beschleunigt den Prozess bis zum erfolgreichen Vertragsabschluss signifikant.

Das hat nicht nur einen positiven Einfluss auf Ihre Verkaufszahlen, sondern auch auf die Beziehungen zu Ihren potenziellen Kundinnen und Kunden. Langfristige, vertrauensvolle Partnerschaften sichern den nachhaltigen Erfolg im Vertrieb von Software- und KI-Lösungen. Durch eine verständnisvolle und individualisierte Kommunikation mit Ihren möglichen Kundinnen und Kunden erreichen Sie nicht nur bessere Verkaufsresultate, sondern schaffen auch eine solide Basis für langfristige und produktive Geschäftsbeziehungen.

Weiterführende Fragen/Checkliste

- Welche spezifischen Herausforderungen bestehen beim Verkauf von KI-Lösungen im Softwarevertrieb?
- Wie können Sie die Ängste und Bedenken Ihrer potenziellen Kundinnen und Kunden in Bezug auf KI-Lösungen berücksichtigen und überwinden?
- Welche Strategien werden in diesem Kapitel vorgeschlagen, um die einzigartigen Vorteile von KI-Lösungen auf eine attraktive und verständliche Weise zu kommunizieren?
- Wie können Sie Vertrauen in die Technologie aufbauen und potenzielle Einwände und Missverständnisse über KI-Lösungen entkräften?
- Was sind die wesentlichen Erfolgsfaktoren für die Vermarktung von Software- und KI-Lösungen laut dem Text?

8

High-Performer wird man durch Übung

Sie sind nun in der Lage, Ihre Fähigkeiten und Ihr Wissen optimal zu nutzen, um im Neukundenvertrieb auf Exzellenz-Niveau zu agieren. Das bedeutet, neue Kundinnen und Kunden zu gewinnen und langfristige Geschäftsbeziehungen aufzubauen. Falls Sie bereits auf diesem Niveau arbeiten, haben Sie nun die Möglichkeit, Ihre Verkaufsprozesse zu optimieren und Ihre Effizienz zu steigern. Die Checklisten in diesem Kapitel können Ihnen dabei helfen, Ihre Erkenntnisse zu festigen und zu perfektionieren. Diese Checklisten unterstützen Sie bei der Strukturierung und Optimierung Ihrer Arbeitsabläufe. Erfolg und eine routinierte Arbeitsweise erreichen Sie durch Wiederholung und Anpassung des Erlernten. Indem Sie regelmäßig üben und bewährte Techniken anwenden, können Sie Ihre Verkaufsfähigkeiten stetig verbessern und auf einem hohen Niveau halten. Nutzen Sie dieses Wissen und arbeiten Sie kontinuierlich an Ihrem Erfolg. Seien Sie offen für neue Ideen und scheuen Sie sich nicht, Ihre Methoden zu hinterfragen und anzupassen. Ihr Engagement und Ihre Bereitschaft zur ständigen Verbesserung sind der Schlüssel zu Ihrem langfristigen Erfolg im Neukundenvertrieb.

Ihr Erfolg im Verkauf ist ein komplexer Prozess, der weit über den reinen Abschluss eines Geschäfts hinausgeht. Es ist eine Kunst, die strategische Planung, ein tiefes Verständnis der Kundenbedürfnisse und eine kon-

O. Arzuman, *Erfolg im Neukundengeschäft mit dem Temperament-Sales-Modell*, https://doi.org/10.1007/978-3-658-46624-4_8

tinuierliche persönliche und berufliche Entwicklung erfordert. In den vorherigen Kapiteln haben wir die essenziellen Aspekte dieses Prozesses beleuchtet, von der entscheidenden mentalen Einstellung und Vorbereitung über effektive Präsentationstechniken und Nachbearbeitung bis hin zur Segmentierung und Ansprache unterschiedlicher Persönlichkeitstypen sowie den Exkurs zur Anwendung des Modells im Vertrieb von Software- und KI-Lösungen.

Das Temperament-Sales-Modell bietet Ihnen eine solide Grundlage, um im Neukundenvertrieb zu performen. Bearbeiten Sie die Checklisten in Abschn. 8.2 sowie die zusätzlichen Fragen ausführlich und nutzen Sie die Gesprächsmuster aus den einzelnen Kapiteln, um Ihre Umsätze zu steigern und Ihren Erfolg zu festigen.

Wie bereits betont:

• Verkaufserfolg basiert wesentlich auf einer sorgfältigen Vorbereitung. Eine positive Einstellung ist der entscheidende Faktor, um alle Herausforderungen zu meistern. Diese Einstellung hilft nicht nur, Rückschläge zu verarbeiten, sondern auch, ständig zu lernen und sich weiterzuentwickeln. Zusätzlich sind systematische Recherchestrategien erforderlich, um die notwendigen Informationen für einen überzeugenden Pitch zu ermitteln, eine geeignete Geschichte zu entwickeln und so die Chancen auf eine Terminvereinbarung zu steigern.
• Die Präsentationsphase im Verkaufsprozess ist von entscheidender Bedeutung. Eine sorgfältige Vorbereitung und eine klare Struktur sind essenziell, um das Interesse und die Aufmerksamkeit der Zuhörerinnen und Zuhörer zu wecken. Eine schlüssige Bedarfsanalyse ist ebenfalls wichtig, um die Bedürfnisse der Kundinnen und Kunden zu verstehen und individualisierte Lösungen anzubieten. Darüber hinaus ist es von großer Relevanz, wie Sie Ihren Umsatz in der Angebotslegung maximieren und den Vertragsabschluss terminlich fixieren können, indem Sie einfache, aber effektive Methoden anwenden.
• Die Nachbearbeitung ist ein gleichwertiger Bestandteil des Verkaufsprozesses. Regelmäßiges Follow-up und individuelle Kommunikation sind entscheidend, um das Interesse der Kundinnen und Kunden zu halten und langfristige Beziehungen aufzubauen. Es ist von großer Bedeutung, zu erkennen, wie Sie durch gezielte Nachverfolgung und

ein empathisches Kommunikationsverhalten die Entscheidungsfindung Ihrer Kundinnen und Kunden positiv beeinflussen und sogar aus einer Absage eine Chance für zukünftige Geschäfte machen können.

• Die Fähigkeit, unterschiedliche Persönlichkeitstypen zu identifizieren und die Verkaufsstrategien anzupassen, ist entscheidend für den Erfolg im Verkauf. Das Verständnis individueller Bedürfnisse und Verhaltensweisen ermöglicht eine effizientere Gestaltung des Verkaufsprozesses und steigert die Erfolgschancen. Das Ampelsystem bietet Ihnen eine Möglichkeit, mögliche Fehlerquellen in den Zusagen Ihrer Gesprächspartnerinnen und Gesprächspartner zu identifizieren und Ihre Prognosen entsprechend zu optimieren.

• Die Potenzialeinschätzung ermöglicht Ihnen, die Fehlerquellen in den Zusagewerten Ihrer Gesprächspartnerinnen und Gesprächspartner im Kontext der jeweiligen Verkaufsinteraktionsphase zu identifizieren und zu gewichten, um so präzise Prognosen zu erzielen.

• Die besonderen Herausforderungen im Vertrieb von Software- und KI-Lösungen betonen die große Bedeutung von technischem Wissen, strategischer Planung und einem profunden Verständnis der Kundenprozesse. Das Temperament-Sales-Modell bietet eine optimale Methode, um Vertrauen zu etablieren und die Annahme der Lösungen zu fördern.

Der Weg zum Vertriebserfolg ist ein kontinuierlicher Prozess, der aus Lernen und Anpassung besteht. Dieses Buch hat Ihnen die nötigen Instrumente und Methoden zur Verfügung gestellt, um Ihre Verkaufskompetenzen im Neukundengeschäft zu optimieren und auf lange Sicht erfolgreich zu sein. Bedenken Sie stets, dass der Schlüssel zum Erfolg nicht nur in der Anwendung dieser Techniken liegt, sondern auch in Ihrer Bereitschaft, sich kontinuierlich weiterzuentwickeln und auf die sich verändernden Bedürfnisse Ihrer potenziellen Kunden und Kundinnen einzugehen.

Beginnen Sie jeden Tag mit der Entschlossenheit, Ihre Ziele zu erreichen, und lassen Sie sich von Rückschlägen nicht entmutigen. Nutzen Sie jede Herausforderung als Möglichkeit zum Wachsen und Lernen. Mit der richtigen Einstellung, fundiertem Wissen und einer klaren Strategie können Sie Ihre Verkaufszahlen steigern und dauerhafte, erfolgreiche Kundenbeziehungen aufbauen.

Der Verkauf ist ein Prozess, der Zeit und Geduld benötigt. Ziel ist nicht allein der Verkauf einer Lösung, sondern auch die Entwicklung von Vertrauen und das Etablieren langfristiger Geschäftsbeziehungen. Ihre Authentizität und Ihr Engagement werden sich in Ihren Verkaufserfolgen zeigen.

Passen Sie Ihre Verkaufsstrategien und -taktiken regelmäßig an die sich dynamisch verändernden Marktbedingungen an. Nutzen Sie Feedback von Kunden und Kundinnen sowie von Kollegen und Kolleginnen, um Ihre Methoden zu optimieren und immer auf dem neuesten Stand zu bleiben.

Durch kontinuierliche Anwendung der Interaktions- und Analysekomponenten des Temperament-Sales-Modells und die zielgerichtete Ausrichtung Ihrer Aktivitäten an den Persönlichkeitstypen Ihrer Ansprechpartner schaffen Sie eine solide Grundlage nicht nur für steigende Umsätze, sondern auch für langfristigen Erfolg im Neukundenvertrieb.

Befolgen Sie den Weg zur Spitzenverkäuferin oder zum Spitzenverkäufer und entdecken Sie, wie Sie nicht nur Ihre Verkaufsziele erreichen, sondern auch einen echten Mehrwert für Ihre Kunden und Kundinnen schaffen können. Der Erfolg liegt in Ihren Händen – ergreifen Sie ihn.

8.1   Ihr Weg zur High-Performance – beruflich und privat

Bevor Sie nun zum Abschluss dieses Buches gelangen, möchte ich Sie dazu ermuntern, sich bewusst zu sein, dass wahrer Erfolg im Vertrieb nicht nur in den erzielten Umsätzen begründet liegt, sondern zu einem großen Teil auch in der Fähigkeit, langfristige und vertrauensvolle Beziehungen aufzubauen.

Im vorherigen Kapitel haben Sie erfahren, dass der Software-Sektor, aber auch viele andere Branchen in stetem Wandel sind. Das Temperament-Sales-Modell bietet durch seine Komponenten und seinen Fokus auf die Persönlichkeit Ihrer Ansprechpersonen eine kundenzentrierte Herangehensweise. Dies hilft Ihnen, Ihre Verkaufsstrategien an die jeweiligen Bedürfnisse anzupassen und damit effektiver zu sein. Ihre Offenheit für kontinuierliches Lernen und Anpassungsfähigkeit wird nicht nur Ihre Verkaufszahlen steigern, sondern Sie auch als zuverlässige Beraterin oder Berater etablieren. Nehmen Sie sich die Zeit, die Bedürfnisse Ihrer Kundinnen und Kunden tiefgreifend zu verstehen und Lösungen anzubieten, die über den unmittelbaren Verkauf hinausgehen und langfristigen Wert bieten.

Behalten Sie immer im Hinterkopf, dass jede Interaktion eine Chance bietet, Ihre Kompetenz und Ihr Engagement zu demonstrieren. Es sind häufig die subtilen Handlungen, die den bedeutendsten Unterschied ausmachen – ein aufrichtiges Zuhören, eine sorgfältige Abwägung von Möglichkeiten und ein ehrliches Interesse an den Belangen Ihrer Gesprächspartnerinnen und Gesprächspartner. Diese menschlichen Aspekte des Verkaufsprozesses tragen letztendlich zur Schaffung von Vertrauen und Festigung von Beziehungen bei.

Ich hoffe, dass Sie das Temperament-Sales-Modell nicht nur als Instrument für beruflichen Erfolg sehen, sondern auch als Leitfaden für eine erfüllende und bedeutungsvolle Karriere im Vertrieb nutzen werden. Möge Ihre Hingabe stets mit Erfolg belohnt werden, und mögen Sie die Anerkennung erhalten, die Sie verdienen – sowohl in Ihrem professionellen Umfeld als auch darüber hinaus.

Ich möchte Ihnen für Ihre Aufmerksamkeit und Ihre Hingabe danken und wünsche Ihnen viel Erfolg auf Ihrem weiteren Weg.

Mit herzlichen Grüßen,

Orhan Arzuman

8.2 Checklisten, die Sie weiterbringen

Verwenden Sie die nachfolgenden Checklisten (Abb. 8.1, 8.2, 8.3, 8.4, 8.5, 8.6, 8.7, 8.8, 8.9 und 8.10) als Hilfsmittel, um die erlernten Inhalte immer wieder aktiv zu nutzen und praktisch umzusetzen. Um die grundlegende Perspektive der ersten Auflage dieses Buches zu würdigen und sie für Leserinnen und Leser weiterhin zugänglich zu machen, damit die ursprüngliche Sichtweise und die damit verbundenen Lerneffekte nicht verloren gehen, wurden die Checklisten aus der ersten Auflage unverfälscht übernommen.

Was bewirkt das Temperament-Sales-Modell?

_____

_____

_____

Wie gelangen Sie zu einem Zustand der Außergewöhnlichkeit?

_____

_____

_____

Was machen große Träume und Wünsche mit Ihnen derzeit?

_____

_____

_____

Nennen Sie schadhafte Denkweisen in unserer Gesellschaft!

_____

_____

_____

Was ist das Grundfundament der Zielrichtung und was bewirkt es?

_____

_____

_____

Innerhalb welcher Ebenen wird im Temperament-Sales-Modell agiert?

_____

_____

_____

Mit welchen Teilbereichen werden Sie zu Ihrer zielgenauen Potenzialeinschätzung für Ihre Prognosen gelangen?

_____

_____

Abb. 8.1 Checkliste 1: Fragen zum Temperament-Sales-Modell

Wie wird ein Nein erzeugt?

_____

_____

_____

Wie wird ein Ja erzeugt?

_____

_____

_____

Wie denkt der High-Performer über ein Nein?

_____

_____

_____

Aus welchen Gründen ist die Frage „Warum nicht?" essenziell im Temperament-Sales-Modell?

_____

_____

_____

Welche weiteren Schritte erfolgen, wenn ein Nein erzeugt wurde?

_____

_____

_____

Abb. 8.2   Checkliste 2: Fragen zur Grundhaltung des High-Performers

Aus welchen Gründen ist genau dieser Tag Ihr wichtigster Tag?

_____

_____

_____

Was wird Sie im Laufe des Tages erwarten?

_____

_____

_____

Aus welchen Gründen wird der High-Performer Negativität am Morgen vermeiden?

_____

_____

_____

Welche Elemente sollte das tägliche Ritual umfassen?

_____

_____

_____

Abb. 8.3   Checkliste 3: Fragen zum Ritual

Nennen Sie die Ziele, die Sie in Ihrer Vorstellungskraft schon erreicht haben sollten.

Welche wichtigen Erfolge werden Sie sich im Abschluss vorstellen?

Wie müssen Ihre eigenen und die Unternehmensziele gesteckt sein, um „high performen" zu können?

Wie sieht der Verkaufsalltag des High-Performers aus?

Abb. 8.4   Checkliste 4: Fragen zur Zielfestlegung

Wie sollten Sie mit Altkunden umgehen und sie gewichten?

Welche Frequenz müssen Sie setzen und welche Eigenheiten entwickeln?

Welche Gegebenheiten müssen vermieden werden?

Wie gehen High-Performer mit schwierigen Kunden um?

Welche Reaktionen können Kunden Ihnen gegenüber zeigen?

Wie werden Sie bei schwierigen Kunden reagieren?

Welche Grundhaltung nimmt der High-Performer bei aussichtslosen Gesprächen ein?

Welche sind die Elemente der Vertragsabschlüsse in einem geschlossenen Verkaufssystem?

Welche Vorgehensweisen werden Sie bei Niederlagen anwenden?

Welche Grundhaltung werden Sie als High-Performer bei Niederlagen annehmen?

Warum gibt es Blockierer und Multiplikatoren?

Wie werden Sie aus einem Blockierer einen Multiplikator machen?

Wie muss Ihre Grundhaltung sein, um ein Ja erzeugen zu können?

Abb. 8.5 Checkliste 5: Fragen zum Umgang mit Kunden

Wie reagieren Sie, wenn der Kunde anderer Meinung ist?

Welche Fragen sollten Sie sich bei der Zielgruppenrecherche stellen?

Welche Möglichkeiten haben Sie, um Ihre Zielgruppen ausfindig zu machen?

Wie erfolgt die Anrede des Kunden durch den High-Performer und worauf wird er achten?

Wie lautet der Grundgedanke bei der Identifikation der richtigen Ansprechperson, und welche Möglichkeiten gibt es, diese zu identifizieren?

Wie muss Ihre Message verpackt sein und welche Elemente sollte Sie enthalten?

Welche Faktoren muss das Schockelement besitzen, damit Sie als High-Performer erfolgreich sind?

Welche Hierarchiestufen gibt es in Unternehmen und wo sollten Sie ansetzen?

Welches sind die wichtigsten Elemente bei der Auflösung Ihres Schockelements?

Welche Fragen werden Ihrem Ansprechpartner in den Sinn kommen, wenn er Ihre Lösung als Mehrwert betrachtet und wie reagieren Sie darauf?

Welche Inhalte muss die Vereinbarung eines offiziellen Präsentationstermins inkludieren?

Welche Aspekte müssen Sie beim Aufsetzen des Präsentationstermins beachten?

Abb. 8.5   (Fortsetzung)

Welches Setting können Sie für Ihre Präsentation wählen?

Welche Eckdaten Ihres Angebots muss die Präsentation enthalten?

Welche sind die wichtigsten Aspekte, die Sie in der Bedarfsanalyse eruieren müssen?

Welche Möglichkeiten gibt es, die Bedarfsanalyse durchzuführen?

Welche Fragen werden Sie stellen, um an Ihre Antworten zu gelangen?

Wie verschaffen Sie sich während der Präsentation Glaubwürdigkeit?

Wie erfolgt der Gesprächsbeginn der Präsentation und welche Informationen sind hierbei relevant?

Wie gelangt Sie zur Preisobergrenze?

Welche Elemente der Präsentation sind die bedeutendsten?

Wie werden Sie den Einkaufsprozess beim Kunden beschleunigen und erhöhen?

Von welchen Faktoren hängt das Ergebnis der Preisverhandlung ab?

Wie werden Sie das Gespräch zu den Opportunitätskosten lenken?

Wie gehen Sie mit Rabattwünschen Ihrer Neukunden um?

Abb. 8.6   Checkliste 6: Fragen zur Präsentation

Welche wichtigen Fragen benötigen Sie für eine erfolgreiche Angebotslegung

Welche wichtigen Antworten möchten Sie mit Ihren Fragen erhalten?

Welche Musterfragen werden Sie beim Kunden anwenden?

Aus welchen Gründen ist die Angebotsfristsetzung essenziell für Ihren weiteren Sales-Prozess?

Wie werden Sie Ihren Umsatz in der Angebotslegung maximieren?

Wie gelangen Sie auf den untersten sinnvollsten Produktmix für den potenziellen Neukunden bei der Angebotslegung?

Warum wenden Sie die Umsatzmaximierung in der Angebotslegung im Temperament-Sales-Modell an?

Warum ist die Rückmeldungsterminierung essenziell für Ihren Erfolg?

Welches Mindset ist bei der Zusammenfassung essenziell, die Sie an die Ansprechperson versenden?

Wie gelangen Sie an die häufigsten Ablehnungsgründe der Budgetentscheider?

Aus welchen Gründen ist es äußerst wichtig, Ihre Ansprechperson für die interne Auftragsbewilligung ordentlich auszurüsten?

Welche Arten der Nachfolgeterminfixierung kennen Sie?

Warum sind diese Varianten für Sie besonders wichtig?

Abb. 8.6 (Fortsetzung)

Welche Grundeinstellung sollten Sie für Ihre Nachfolgespräche einnehmen?

_____

_____

Wie gehen Sie mit Verschiebungen in den Nachfolgegesprächen um?

_____

_____

Wie verhalten Sie sich zwischen den Nachfolgeterminen?

_____

_____

Was soll man tun, wenn das Angebot nicht angekommen ist?

_____

_____

Wie gehen Sie mit einer Kaufentscheidung um?

_____

_____

Wie werden Sie aus einem Nein ein Später machen?

_____

_____

Abb. 8.7   Checkliste 7: Fragen zum Nachfolgegespräch

Warum bietet Ihnen die Unterscheidung der Menschenbilder einen Mehrwert?

_____

_____

Wie erreichen Sie die Differenzierung der Menschenbilder und wieso ist diese essenziell für Ihren Verkaufserfolg?

_____

_____

Warum wird die Differenzierung bzw. Segmentierung der Menschenbilder in der Gesellschaft als negativ empfunden?

_____

_____

Welche notwendigen Freiheiten bietet Ihnen die Differenzierung der Menschenbilder?

_____

_____

Aus welchen Gründen sind die Differenzierung und die Segmentierung entscheidend für Ihren Erfolg?

_____

Wie werden die Farben auf der jeweiligen Insel zueinander zugeordnet?

_____

Warum können entgegengesetzte Farben auf einer Insel koexistieren und was bedeutet dies für Ihren Verkaufserfolg?

_____

_____

Woraus bestehen die Außengrenzen der roten Inseln?

_____

Welche falsche intuitive Grundeinstellung nehmen Verkäufer gegenüber roten Inseln ein?

_____

Wie müssen Sie mit roten Inseln umgehen, um auf deren Terrain gelangen zu können?

_____

Abb. 8.8   Checkliste 8: Fragen zu Menschenbildern

Wie verhält sich die Relation des Umsatzes mit roten Inseln zu Ihrem Gesamtumsatz?

_____

Wie sind die blauen Inseln entstanden?

_____

Wie sind die Außengrenzen der blauen Inseln aufgebaut?

_____

Welche falsche intuitive Grundeinstellung nehmen Verkäufer gegenüber blauen Inseln ein?

_____

Wie müssen Sie mit blauen Inseln umgehen, um auf Gelände gelangen zu können?

_____

Wie verhält sich die Relation des Umsatzes mit den blauen Inseln zu Ihrem Gesamtumsatz?

_____

Wie sind die grünen Inseln entstanden?

_____

Wie sind die Außengrenzen der grünen Inseln aufgebaut?

_____

Welche falsche intuitive Grundeinstellung nehmen Verkäufer gegenüber grünen Inseln ein?

_____

Wie müssen Sie mit grünen Inseln umgehen, um auf ihre Insel gelangen zu können?

_____

Wie verhält sich die Relation des Gesamtumsatzes mit grünen Inseln zu Ihrem Gesamtumsatz?

_____

Abb. 8.8 (Fortsetzung)

Wie sind die gelben Inseln entstanden?

Wie sind die Außengrenzen der gelben Inseln aufgebaut?

Welche falsche intuitive Grundeinstellung nehmen Verkäufer gegenüber gelben Inseln ein?

Wie müssen Sie mit gelben Inseln umgehen, um auf deren Insel gelangen zu können?

Wie verhält sich die Relation des Umsatzes mit den gelben Inseln zu Ihrem Gesamtumsatz?

Abb. 8.8   (Fortsetzung)

Wie viele Variationen an Menschenbildern sollte es bei unserem Modell geben und wie gehen wir mit dieser Tatsache um?

Wieso unterscheiden wir zwischen Haupt- und Unterausprägung?

Wie erfolgt die Identifizierung der Ausprägungsformen?

Welche Grundhaltung wird der rot-blaue Inselbewohner Fremden gegenüber einnehmen?

Anhand welcher sprachlichen Merkmale wird der rot-blaue Inselbewohner identifiziert?

Nach welchen Kriterien erfolgt die nonverbale Identifizierung des rot-blauen Inselbewohners?

Welche stimulierenden, vertrauensfördernden Handlungen können Sie setzen?

Welchen Zusagewert besitzt diese Ansprechperson?

Welche Grundhaltung wird der rot-grüne Inselbewohner Fremden gegenüber haben?

Welche sprachlichen Kennzeichen ermöglichen die verbale Identifizierung dieses Inselbewohners?

Nach welchen Kriterien erfolgt die nonverbale Identifizierung dieses Inselbewohners?

Welche stimulierenden Handlungen können Sie setzen, um Vertrauen aufzubauen?

Welchen Zusagewert besitzt diese Ansprechperson?

Welche Grundhaltung wird der rot-gelbe Inselbewohner Fremden gegenüber einnehmen?

Abb. 8.9   Checkliste 9: Fragen zu komplexen Menschenbildern

Anhand welcher verbalen Merkmale ist dieser Menschentyp identifizierbar?

Nach welchen Kriterien erfolgt die nonverbale Identifizierung dieses Inselbewohners?

Nennen Sie Maßnahmen, die Sie setzen können, um Vertrauen aufzubauen?

Welchen Zusagewert besitzt diese Ansprechperson?

Welche Grundhaltung wird der blau-rote Inselbewohner Fremden gegenüber einnehmen?

Was sind die sprachlichen Erkennungsmerkmale dieses Menschentyps?

Nach welchen Kriterien erfolgt die nonverbale Identifizierung dieses Inselbewohners?

Welche stimulierenden Handlungen können Sie setzen, um Vertrauen aufzubauen?

Welchen Zusagewert besitzt diese Ansprechperson?

Welche Grundhaltung wird der blau-grüne Inselbewohner Fremden gegenüber einnehmen?

Welche sprachlichen Merkmale ermöglichen die Identifizierung dieses Inselbewohners?

Nach welchen Kriterien erfolgt die nonverbale Identifizierung dieses Inselbewohners?

Welche stimulierenden Handlungen können Sie setzen, um Vertrauen aufzubauen?

Welchen Zusagewert besitzt diese Ansprechperson?

Abb. 8.9 (Fortsetzung)

Welche Grundhaltung wird der blau-gelbe Inselbewohner Fremden gegenüber einnehmen?

___

Welche sprachlichen Merkmale sprechen für diesen Inselbewohner?

___

Nach welchen Kriterien erfolgt die nonverbale Identifizierung dieses Inselbewohners?

___

Nennen Sie stimulierende Handlungen, die Sie setzen können, um Vertrauen aufzubauen?

___

Welchen Zusagewert besitzt diese Ansprechperson?

___

Aus welchen Gründen werden Sie beim grünen Ampelsystem keine valide Kategorisierung des Zusagewertes vornehmen können?

___

Welchen Zusagewert besitzt diese Ansprechperson?

___

Aus welchen Gründen werden Sie beim gelben Ampelsystem keine valide Kategorisierung des Zusagewerts vornehmen können?

___

Welchen Zusagewert besitzt diese Ansprechperson?

___

Abb. 8.9   (Fortsetzung)

Warum ist die Kombination aus Potenzialeinschätzung und Gewichtung des Zusageswerts Ihrer Ansprechpartner essenziell für Ihre zukünftige Prognoseeinschätzung?

Warum ist Ihre Abgabe einer genauen Prognose essenziell für Ihr Unternehmen und für Sie selbst?

Wie verhält sich die Potenzialeinschätzungsphase „Interesse angenommen" im Vergleich zur Neukundenlebenszyklusphase „Vorbereitung"?

Wie verhält sich die Potenzialeinschätzungsphase „Potenzial angenommen" im Vergleich zur Neukundenlebenszyklus-Phase „Termin"?

Wie verhält sich die Potenzialeinschätzungsphase „Angebot abgegeben" im Vergleich Neukundenlebenszyklus-Phase „Nachbereitung"?

Welche Phasen gibt es rein theoretisch nach „Angebot abgegeben" und ab wann verlässt der potenzielle Neukunde Ihre Pipeline?

Welche Kriterien müssen erfüllt sein, damit Sie einen potenziellen Neukunden zur Phase „Interesse angenommen" zählen können?

Mit welcher Erfolgswahrscheinlichkeit werden Sie die Phase „Interesse angenommen" gewichten und nach welchem System werden Sie die Fehlerwahrscheinlichkeit seiner Aussagekraft gewichten?

Abb. 8.10   Checkliste 10: Fragen zur Potenzialeinschätzung und zum Zusagewert

Welche Kriterien müssen erfüllt sein, damit Sie einen potenziellen Neukunden in die Phase „Potenzial angenommen" kategorisieren können?

_____

_____

Mit welcher Erfolgswahrscheinlichkeit werden Sie die Phase „Potenzial angenommen" gewichten und nach welchem System werden Sie die Fehlerwahrscheinlichkeit seiner Aussagekraft gewichten?

_____

_____

Welche Kriterien müssen erfüllt sein, damit Sie einen potenziellen Neukunden zur Phase „Angebot abgegeben" zählen können?

_____

_____

Mit welcher Erfolgswahrscheinlichkeit werden Sie die Phase „Angebot abgegeben" gewichten und nach welchem System werden Sie die Fehlerwahrscheinlichkeit seiner Aussagekraft gewichten?

_____

_____

Abb. 8.10   (Fortsetzung)

The manufacturer's authorised representative in the EU is Springer
Nature Customer Service Centre GmbH, Europaplatz 3, 69115 Heidelberg,
Germany. If you have any concerns regarding our products, please
contact ProductSafety@springernature.com

Printed and bound by CPI Group (UK) Ltd, Croydon, CR0 4YY
24/04/2026
02096366-0001